子ども子育て支援新制度とともに

24の瞳が輝く場

山村 達夫〔監修〕

社会福祉法人藹藹会〔編〕

CRT栃木放送〔発行〕

随想舎

小規模保育施設クオーレでは健常児も障がい児も日常的に自然に触れあっている

3

1

2

4

1/ ブルーベリー園で摘み取りを体験するハートフルナーサリーの子どもたち。 2/ 未就学児教室、アウリーキッズで集団生活になじんでいく子どもたち。 3/ 子どもと寄り添う時間がゆったりなのは定員12名のクオーレならでは。 4/ 幼児期に自然と触れあう体験は、子どもの感性を健やかに育んでいく。 5/ 日本の伝統文化にも挑戦。お茶事を体験するまこと幼稚園の園児たち。

5

1

3

1/ 思わずかけっこ！ 屋外活動が大好きなハートフルナーサリーの子どもたち。 2/ シーツブランコでゆらりゆらりが大好き。にっこりご満悦のユナちゃん。 3/ 最初のうちはお母さんに見守られながら通うアウリーキッズの子どもたち。 4/ バイオリンに挑戦する幼稚園児たち。ちゃんとした音を出しているのに驚く。 5/ 幼稚園では土との触れあいを楽しむ農作物の収穫体験も行っている。

2

5

4

1/ 施設内にナイトクラブのような演出で楽しむ"ナイトバー"は人気のイベント。　2/ 外出の機会が少ない入所者のために、非日常的な空間を施設内に演出している。　3/ 書棚やソファなどを配して、家庭的な雰囲気を感じられる一角　4/ "ほたるの集い"は子どもから大人まで、障がい者も一緒に楽しむイベントだ。　5/ 五感を刺激するスヌーズレンルーム。障がいを持つ子どももこの空間が大好き。

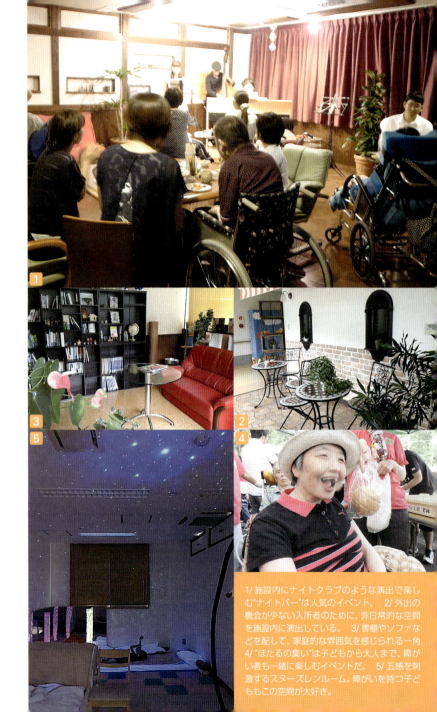

1/ ハートフィールドでは、ネイルケアなどの出張サービスも行われることがある。 2/ 寒い冬には、ハートフィールドのロビーにある薪ストーブが温もりを運ぶ。 3/ 木のぬくもりあふれる空間。ここでさまざまなイベントが行われている。 4/ サマースクールでは障がいを持つ子どもたちのために職員が企画を検討する。

1/ クオーレで初めて行われた夏祭り。グループホームアネーロの入所者も参加。　2/ クオーレとまこと幼稚園の子どもたちの交流会。この日のために準備を重ねた。　3/ 毎年6月に行われる"ホタルの集い"では模擬店も出店して楽しい雰囲気だ。　4/ "ホタルの集い"ではそれぞれの施設の職員も一同に集まり、一致団結する。
5/ 放課後児童クラブ"夢の学舎"の子どもたちとクオーレの交流会の様子

1/ イベント時には、障がいを持つ人たちも音楽を披露することもしばしば。 2/ 子ども同士でも心を通わせる、夢の学舎の児童とクオーレの幼児とのふれあい。 3/ 自分より小さい子の前では、ちゃんとお姉さんらしくふるまう子どもたち。 4/ 夢の学舎の子どもたちが"ホタルの集いで"自主的に行ったチャリティバザー。 5/ クオーレとナーサリーの交流会では異年齢の子どもたちが一緒になって遊ぶ。

2

1

3

4

1/ 全国の幼稚園、認定こども園、保育施設の経営者が集まった全国見学会　2/ 高村アナウンサーが先生役となり、幼稚園児のアナウンサー体験が行われた。　3/ 年中行事も楽しみのひとつ。年末にはみんなで餅つきを楽しむ。　4/ 幼い子どももバイオリンを手にして演奏を行なうJSBMコンサート。　5/ ハートフィールドで年末に行われる餅つきには、入所者や職員、クオーレや学舎の子どもたちも参加した。

5

まえがき

本書の大きなテーマは、教育や福祉の世界における多様性の実現と個の成長をどう図るか、ということに尽きます。

その内容の多くは、子どもの世界を題材にしていますが、私たちは、子どもの成長と共に大人の成長にも関心があります。多様な集団における子ども自身の成長と、そこに関わる大人（職員）の成長をどう図っていくのかを学校法人と社会福祉法人を融合したエデュケアアライズグループが開発した Cubic Management System という考え方をもとに記述しています。

Cubic Management System とは、「地域の教育と福祉を総合的・多面的に支える仕組み」を意味します。

その特性は、以下の点にあると考えています。

1　教育と福祉という2軸をもち、各事業がインターラクティヴである。

2　多様性の実現を目的に、子どもの成長と大人の成長を保障する。

3　「4つの衝動」に着目し、それぞれの衝動をバランスよく満たす。
4　なにかをリアライズできるためのストーリーを創り出せる。

現代社会、あるいは近未来の世界におけるキーワードのひとつは、多様性ということです。そして個の成長とは、子どもの世界だけに限らず大人にとっても意味あるものです。ところが、一口に多様性の実現と言っても、その実現には多くの困難が伴います。互いの評価、つまり理解しあう態度や雰囲気の醸成が大切になります（これをインクルージョンという言葉で表現される方もいます）。

また、個の成長というときには、子どもの世界における成長に関心があっても、大人になるにつれ自身の成長に戸惑いを感じる人が多く見られるようになったと感じています。その理由は、教育と雇用が結びついていないことに原因があるのかもしれません。自らが受けてきた教育と社会に出てから必要とされる能力が異なっているからなのかもしれません。

もうひとつ重要なことがあります。いま、日本社会は少子高齢化に歯止めをかけられないいま、未曽有の人口減少社会に突入しています。世界は、英国のEU離脱やポピュリズムの台頭、インターネットの進展など想像以上に技術も人々の感性も変化しています。こうした変化をさらに複雑にしているのが、多様性ということです。とくに日本の社会においては、多様性にどう対応してよいのかわからないというのが現状のように感じます。本書で取り上げた小規模保育施設や学童保育は、子ども子育て支援新制度という変化に対応する形で動き始めたものですが、これまでの概念を超え、多様性の実現に向けて対応していくことが必然であったように思います。

本来、多様性のなかにおいてこそ、個の成長が図られると思います。なぜならそこには、インターラクティヴ（対話型）な世界が構築されるからです。ただし、そこには、批判的思考力、コミュニケーション力、協働する力、創造力などが求められます。（私は、むしろ想像する力が大切だと考えています。）

これを「教育の4つの次元」（C・ファデル、M・ビアリック、B・トリリング著『21世紀の学習者と教育の4つの次元』2016年・北大路書房）と表現され、21世紀の学習者が身につけるべき能力として注目されています。これも、よく考えてみると、現代の私たち大人にも必要な能力であることが理解できます。なぜなら、多様性にどう対応してよいのかわからない日本特有の社会とそこに生きる私たち大人に不足しているものと考えられるからです。

この本のタイトルは、「24の瞳が輝く場」です。多様性の実現と個の成長という本書のテーマとどんな関係があるのか、どんな意味から、このタイトルが付けられたのか、その背景を少しお話したいと思います。

私たちの法人は、社会福祉法人と学校法人の二つがあります。これらを総称し、エデュケアライズグループと呼んでいます。それぞれの法人が新たな事業を同時期に開始しました。ひとつは小規模保育施設B型、そしてもうひとつがいわゆる学童保育、アフタースクール夢の学舎です。前者は0歳から2歳の乳幼児を対象とした定員12名の施設で、後者は小学校一年生から三年生を対象とした1日の定員を12名とした事業でした。

そう、24の瞳というのは、この二つの事業、施設に集ったそれぞれの子どもたちの瞳の数です。

この24の瞳が輝くとはどういうことなのでしょうか。子どもたちの瞳の輝きの奥に見えているのは、どんなものなのでしょうか。私たち大人、指導者は、子どもたちが活動に意欲的に取り組んでいるときなどに「輝いている」と表現したりします。反対に子どもたちの側に立った時、子どもたちの目に私たちの姿はどのように映っているのだろうか、ふとそう思ったとき、私たち大人や指導者が未来に向かって成長している姿を見せる時こそ、子どもたちの瞳が輝くのではないかと気づいたのです。実は、その気づきを得た場が、本書のなかで主に紹介している小規模保育施設B型クオーレや夢の学舎に集った子どもたちと職員でした。

小規模保育施設クオーレ、さらにアフタースクール夢の学舎は、教育と福祉を融合した、私たちにとってシンボリックな事業であり施設であると捉えています。多様な子どもたちと多様な職員（大人）がインターラクティヴな世界を構築し、相互が学びあい、成長しようという姿を見ることができています。

私たち大人あるいは社会には、21世紀を生きる子どもたちを育みその成長を支援していく責務があると思います。同時に私たち大人や社会も成長していかなければなりません。そこでは、自らの成長が他者の成長を支えるという視点を持つことが大切です。

本書の構成は、プロローグとして小規模保育施設クオーレの成り立ちが記述され、皆さんに多様性の実現ということをイメージしていただけると思います。Part1、Part2では、社会問題の一つである子育て環境について問題提起とその解決策を提示しています。Part3からPart5までは、多様な子どもたちの関わりが描かれ、利用されている保護者の方からもコメントをお寄せいただきました。Part6からPart7にかけては人材育成をテーマに職員の気づきやインターラクティヴがもたらす効果にふれています。最後に、第三者の目に映じた私たちの実践を解説しています。

本書は、CRT栃木放送の〝Happy ゆうとぴあ〟という番組で、私と高村麻代アナウンサーの15回ほどの対談をもとに制作されました。1回10分ほどの番組の中で伝えきれなかったことなどを補筆、あるいは加筆しています。また、ラジオの臨場感も少しお伝えしたうえで、その中から一つのトピックについて説明を加えました。きっと、それぞれの章において、多様な社会に必要とされる力についての気づきもいただけると思います。

本書が、多様な時代のマネジメント、さらに「健やかなる知性」を社会が育くむとはどういうことなのかを考えるきっかけとなることを期待しています。

（社会福祉法人藹藹会／学校法人金子学園理事長　山村達夫）

24の瞳が輝く場

目次

＊本文中掲載のQRコードからCRT栃木放送「Happy ゆうとぴあ」の放送番組を聴くことができます

プロローグ

24の瞳が輝く場

あれは平成24年10月でした。

同じ年の1月から相談支援事業を開始し、利用者ご家族から多く聞こえる声は、ほとんど同じようなものでした。そのニーズに応えたいと思いはじめ、宇都宮市役所へ左記の内容で事業計画の概要を提出したのは……

○共同生活援助（グループホーム）定員6名

・介護サービスの提供　介護サービス包括型

○小規模保育事業B型　定員12名

・0～2歳児に対する保育サービス

・内6名は障がい児優先受け入れ

小規模保育施設「クオーレ」と隣接する障がい者グループホーム「アネーロ」

小規模保育事業については、宇都宮市内における待機児童の解消と障がい児を抱える保護者が安心して子どもを預け、働くことのできる環境整備に寄与したいと考え、私たちは動き出しました。

また、本施設が行う計画相談やバックアップ施設であるハートフルナーサリーの「保育」に関する専門性、ハートフィールドがもつ「介護」の専門性、さらには関連施設であるまこと幼稚園の「教育」に関する専門性という資源を活用することで、包括的に障がい児を有する子どもの発達に関するロードマップを示すことができ、福祉、教育どちらの環境を与えたいかという保護者の意向に添った選択

障がい児の五感を刺激する「スーヌーズレンルーム」

が可能となると考えました。

施設の設置にあたり、今回一番こだわったところは、設計と建具・壁紙そして収納家具。特に小規模保育の建物は、園児12名と少人数を受け入れる限られたスペースを、家庭的な温かい雰囲気と子どもが楽しめる・そして面白みが出せる工夫ができないかと悩み、職員で意見を出し合いました。主となる保育スペースは、0～2歳児にちょうどいい高さの場所に飾り窓、南側には開放感のある大きな窓、そして畳スペースを設けることに。もう一つのスペースには、「視覚」「聴覚」「触覚」「嗅覚」「味覚」の五感を刺激し、同時に癒し効果が生まれる工夫をしました。

毎日通う場所ですから、「おはようございます」と玄関の扉を開けて入った時に、『保育園らしくない』『サロンに来たような気持ち』になっていただけたらという思いで、壁紙や収納の工夫そして照明を選定しました。

職員室は職員室らしくない環境。事務机は一つもありません。楽しく仕事ができるよう、カフェで事務作業をしているような雰囲気に。

障がい者のためのグループホームと共同スペースのかなり広い敷地内は、ちょっとした公園に遊びに来たような印象にしています。0〜2歳なので、遠くへ足を延ばしての園外保育も一苦労なので、この敷地内で全てが充たされるよう、そして働く職員も癒される場となるように考えられた庭が完成したと思います。

平成28年3月27日の竣工式そして見学会が行われた時、二棟並ぶ小規模保育とグループホームの敷地内で、どのように人との関わり、交わりがこれからはじまるのか、とても楽しみになりました。

保育士不足といわれる最中での職員採用

「小規模保育施設平成28年4月オープン」と、職員募集広告を、平成28年1月上旬に配布。勤務する側からすれば、どんな建物なのか、どんな雰囲気なのか、大変気になるところですが、その段階では未完成。実際に見ていただけないからイメージがわき難く、応募はどんなものかと心配しながらではありましたが、「お仕事説明会」には10名もの参加がありました。

小規模保育の母体となる、社会福祉法人藹藹会ハートフィールドの施設内見学からはじまり、理事長から新事業「小規模保育施設クオーレ」の特色が説明されました。

・乳幼児の生活の向上
・一人ひとりを大切に
・探索的活動や五感を刺激する活動を通した発達の保障
・子どもの欲求への応答
・ゆったりとした時間の流れと成長

そして

・身体に障がいをお持ちのお子さんを受け入れること

障がい児をお持ちのご家族は、親子通園を実施する場はあっても、子どもを預けて働くことができない親がいる現状と、そうした人たちの要望に応えようと考えている旨を話しました。

その後、説明会の内容を話題に、参加者と施設職員が一緒に昼食をとりました。

参加された方からは、「母子分離を希望されているお母さんが多いと知り、私もクオーレで役に立ちたい」「健常児と一緒に保育することの難しさを頭で考えてしまいがちだけど、一人ひとりを大切に思い、みんなが共に育って、成長を共に喜びあえる保育園にしていきたい」「今回の参加は、理事長のラジオを聴いて興味を持ち参加した。仕事内容はとても興味深く、やってみたいという第一印象」などの感想をお聞きできました。

数日後、「お仕事説明会」に参加された方から履歴書が郵送され面接を実施。3月上旬まで小規模保育の保育士応募は続き、3月半ばに、12名の職員が決まりました。

その新しい顔ぶれの職員は、全て社会人経験者。しかも、保育士の経験者はもちろんですが、保育士の他に調理師を経験していたり、幼稚園勤務経験もあったり。幼稚園勤務プラス、リハビリセンターで障がい児のお子さんと関わっていた経験者も。

小規模保育クオーレは、保育士そして調理員で運営していくのではなく、障がい児を受け入れることができる保育園なので、理学療法士・看護師・介護職・支援員など、さまざまな職種の仲間が集まりました。

クオーレの開園に向けて、介護職員や支援員、看護師は、保育士と同じように、子どもたちの保育に入れるよう、平成27年の10月から宇都宮市主催の「子育て支援員研修」地域保育コース・地域型保育を受講しました。

3月半ば以降は、いよいよ4月の開園準備と研修の毎日が続きます。研修では、理事長から保育園運営方針等についての講話の他に、これから一緒に仕事をしていく仲間のことを知るための、普通と違った形の自己紹介をし、お互いを身近に感じ、共通点を知ることもできました。

別の日の理事長研修では「TEGエゴグラム」を実施しました。エゴグラムとはアメリカの心理学者エリック・バーン博士が創始した「交流分析」という人間関係の心理学理論に基づいて作られた性格診断テストだそうです。53問の質問に回答した結果からその人がもっている傾向を五つの領域に分けて自己分析するものです。

CP（お父さん度・理想、良心、責任、批判などの価値判断や倫理観を主とする性格特徴）・NP（お母さん度・共感、思いやり、保護、受容などの愛情特徴）・A（大人度・事実に基づいて物事を判断しようとする部分、現実を客観的、冷静に計算し推定し意思決定）・FC（やんちゃ坊主度・生まれながらの部分、直観的な感覚や創造的な部分）・AC（いい子ちゃん度・他者を優先する、遠慮がちである、人の評価を気にするといった特徴関係）を表すそうです。

職員の分析から、理事長は「CPとAのバランスが良い」という印象でリーダーシップがとれるだろうと判断し、保育主任を決めました。

余談ですが、その保育主任は、なぜ保育士を目指したのか……きっかけは幼かった時に関わってくれた先生のフワフワっとした髪型が素敵で、そんな先生に「私も大きくなったら……」と憧れたそうです。

そして……平成28年4月1日がスタートしました。

小規模保育施設クオーレスタートから半年が経ち
職員12名に対して園児4人でスタートしたクオーレも、半年後の9月には14名となり、子どもたちの声でにぎわっています。開園前に、保育士が心配していた健常児と障がい児を一緒に保育する難しさなんて、難なくクリア。園児・職員、誰もが同じように触れ合い、子ども同士も普通に関わり合い、笑いが絶えない雰囲気の小規模保育クオーレになっています。

この9カ月で行ってきた行事も盛りだくさん。

4月1日の入園食事会ではじまり、レクリエーション、さくらんぼ狩り、ほたるの集い、プール開き、まこと幼稚園にある学童保育『夢の学舎』の児童との交流、ANELLOと合同夏祭り、ハートフルナーサリーのお友だちとのお楽しみ会。初めての園外保育は、まこと幼稚園へお招きいただき、星組（4歳児）のお友だちと交流し、昼食を一緒にいただきました。

0～2歳だから……と躊躇せず、家庭的な関わりの中で、これからもたくさんの行事を体験・経験してもらえるようにと保育士は考えています。

食事は、栄養士さんが考えたメニュー。それを、厨房で毎日調理員さんがおいしく作ってくれています。10時と3時のおやつも昼食も、園児みんな揃って、「いただきます」のごあいさつで、それぞれその月齢や状況にあった食事形態のものをいただきます。

0～2歳同士でも、周りの様子をみて、感じて、お友だちが困っていると、優しさの手を差し伸べてあげたり、保育士に伝えたり。また、園庭で収穫した野菜も出るので、園児は家で食べなくても、ここクオーレの昼食では食べるのです。食べられちゃうんです。不思議ですね、子ども同士にしかわからない何らかのパワーが働いています。

健常児も障がい児も、関わり方は一緒です。何も特別なことはありません。

小さな時から同じ空間で毎日過ごしていると、お互いを認め合い、それが当たり前で、自然と優しい行動がうまれます。そしてその何気ない心づかいが身についていくことを、この半年の間に0~2歳の子どもたちから教えられました。何十倍もの人生経験がある大人のはずなのに……。

また、大人が強制的に教えなくても、毎日の保育園の生活で、いつの間にか「あいさつ（礼を正す）」や「かたづけ（場を清める）」そして「リズム（時を守る）」が子どもたちの身体に沁みこんでいくのだなと、こちらが学びました。大人になるにつれてできなくなることなのかな？「まだ小さいから」「何もわからないから」と先延ばしにせず、何でも早いに越したことはないのかも知れませんね。

パワーといえば、クオーレ職員にも感じます。

この半年で創りあげた雰囲気は、クオーレを訪ねるたびに子どもたちに「癒され」、職員には

「元気パワー」をもらいます。とにかく職員同士がなかよし。心も身体もすべてオープンで超明るい。それぞれの職員がこれまでの前職で経験してきたこと、そしてこれまでの人生経験のさまざまな引き出しから出てくる宝物、子どもたちにしてあげたいことがあれこれと山ほどあって、それらの意見をお互いに尊重し、ポジティブに保育をしているなと感じます。

それをまとめているのは、そう！　研修期間中に「ＴＥＧエゴグラム」を実施し、その分析データをみて理事長が「ＣＰとＡのバランスが良い」という印象からリーダーシップがとれるだろうと決めた保育主任です。

保育主任は、通勤時間に一時間かかります。これを聞くと誰もが「大変ねぇ」と思うでしょうが、本人は遠く感じることなく、毎日子どもたち、職員に会うことを楽しみに、そして毎日の活動を通して今日はどんなことが起こるか、どんな成長がみられるかと、心弾ませながら通っているそうです。

保護者の方がお仕事をしている間、安心して子どもを預けられるよう、園長はじめ、保育主任を中心に職員12名の「二十四の瞳」で、子どもたちの小さな成長も見逃さず、見守っています。降園時に、今日のできごと、ちょっとした変化・成長について、一つ一つていねいに報告して、保護者と一緒に子どもの成長を喜びます。

10カ月が経ち、子どもたちの成長を感じます。

朝の会で名前を呼ばれると「はい」と返事をし、先生とハイタッチができます。

ある程度の時間椅子にすわって保育士のお話も聞くことができます。

制作活動も自分の力で作品を完成させることができるようになってきました。困っているお友だちに優しく声をかけたり、先生のお手伝いをすることもできるようになりました。

そして12月9日、毎年行っているクリスマスチャリティーコンサートで初めてステージ上で歌と合奏を発表しました。

緞帳前で泣いていた子どもたち。緞帳が開くと泣いていた子どもたちは泣きやみ、今までの練習の成果以上の姿を発揮しました。その姿は、観客の心を魅了させた時間でした。

子どもたちの無限の可能性と、保育士の日々の関わりの積み重ね以外の何ものでもないと思います。

そんな場面に遭遇すると、「こういう先生に、こういう園に我が子を預けたかったな」と感じる瞬間でした。


（社会福祉法人藹藹会事務局主幹　坂巻佐織）

Part 1

子育ての社会問題は待機児童だけではない！

平成27（2015）年4月に子ども子育て支援新制度が成立した。子どもの最善の利益を社会全体で保障しようという崇高な理念に基づく制度であるが、待機児童問題の陰に隠れた大きな問題が存在している。

子ども子育て支援制度の背景

高村　今回は地域福祉と教育の融合をテーマにお話をうかがいます。まず保育の現場では、平成27（2015）年の4月に新しく子ども子育て支援新制度というものが始まりました。保育現場も大きく変わったかと思いますが、この制度はなぜ始まったのでしょうか。

山村　教育と福祉を融合させていく形が、この子ども子育て支援新制度というものだと思いますが、この新制度においては日本社会の大きな課題のひとつでもある「労働力の確保」つまり、働きたいお母さんの存在を背景にこの新制度というものが作られたと思われます。その中で現場の形としては認定こども園など、さまざまな形の施設が生まれました。ただ、今までは幼稚園と保育園というふうに分かれていたものが、今度は二つどころか六つぐらいになってしまい、利用される方々からすると、ちょっとわかりずらいところもあるでしょうし、実際、現場の先生方にしても戸惑いがあるかもしれません。ただ、基本的には子どもたちに、質の高い教育や保育を一体的に行える施設を作っていくということが目的であり、その基盤は変わりません。

高村　藹藹会では障がいを持つお子さんを受け入れている小規模保育施設クオーレがありますが、障がいを持つお子さんの保育は今どのような状況なのでしょうか。

山村　今の状況としては、幼稚園でも認定こども園や保育所であっても、発達に障がいをお持ちのお子さんを受け入れている施設は、随分増えていると思います。けれど、肢体不自由児のお子さんの場合はというと、なかなか受け入れてくれる施設がないというのが現状です。そうしたことから、藹藹会としてはこの4月から、小規模保育事業B型という、新制度の中で作られた事業のひとつですが、定員12名の保育所「クオーレ」を作りました。そして、この定員12名のうち半数は、肢体不自由児のお子さんを受け入れています。

高村　障がい児の親御さんは親子通園という形で発達支援センターなどに通う方が多いと聞きますが、そうした子どものお母さん方のニーズもあってのことなのでしょうか。

山村　そうですね。お母さん方の中には普通の保育所や幼稚園で、健常のお子さんたちと一緒に触れ合う中で、「さまざまな刺激が欲しい」と希望するお母さん方も多いと思います。また、お母さんが働こうと思った時に子どもの受け入れに対応できる施設がないことも課題でした。このクオーレという施設は、我々が今まで行ってきた幼稚園教育、保育、それから障がい者・障がい児の支援を行ってきたハートフィールド、その三つが同じベクトルに向かって協力・連携していけるシンボルとなる施設だと思います。この点を職員が共通理解し、子どもたちの支援ができればと思っています。

高村アナウンサーの視点

働くお母さんが増える一方でクローズアップされる待機児童問題。そんな中、障がい児の親の就労とそれに伴う保育施設問題はさらに切実な課題です。次のページでは、子ども子育て支援新制度のできた背景やその影に潜む障がい児保育の課題について、船井総合研究所の大嶽広展さんが解説します。

言葉によるコミュニケーションがまだ未熟な年齢であっても、時にいたわり合う様子をみせてくれる子どもたち。それは、小さな子ども同士であっても言葉をこえて感じ取るものなのだろう。

子育ての社会問題は待機児童だけではない！

子ども子育て支援新制度とは

平成27年4月、「子ども子育て支援新制度」がスタートしました。この制度の目的は、幼児期の学校教育・保育、子育て支援を総合的に推進していこうということです。

具体的な策としては、「量の拡充」と「質の拡充」に分類されます。

量の拡充とは、幼児期において子どもの年齢や親の就労状況など、多様化する環境やライフスタイルに対応すること、そして昨今の大きな社会問題にもなっている待機児童問題を解消することを目的に、これまでの幼稚園、保育園に加え、双方の機能を一体化させた認定こども園や0歳～2歳で定員19名以下の保育を行う小規模保育という施設を新たにスタートさせています。

つまり、これは「選択肢を与える」ことに他なりません。

一方で質の拡充とは、子どもたちの生活における安全性や発達・成長のための教育性をさらに充実させることを目的に、保育者の手厚い職員配置基準を促進させること、保育士や保育教諭の処遇改善を行うことで、職場の定着率やモチベーションを高めたり、研修機会を増やすなどを行っています。

また、それ以外にもより地域の実情に合わせた支援を行うために、これら事業の実施主体が市区町村になったり、地域の子育て支援をコーディネートしてくれる利用者支援事業のスタート、学童保育の充実など、さまざまな改革と充実がなされています。

私は保育事業専門の経営コンサルタントです。日々全国の保育園の経営改善や保育園の開設、認定こども園の移行支援などをメインに業務を行っており、自治体の子育て政策のコンサルティングや官公庁の調査業務なども行っておりますが、事業者、自治体、国と関わる中で感じることがあります。それは、

「現状の子育て政策の最重要課題は待機児童問題」

という解釈が強いということです。

子ども子育て支援新制度だけでなく、待機児童解消加速化プラン、ニッポン一億総活躍プランもそうですが、少子高齢化がますます進行する中で、社会保障を維持していくためには、労働人口を確保し、経済を活性化することで、税収を増やし、国を維持することが求められます。

しかし、将来的に労働人口は減少していくのは目に見えていますから、国にとってダイバーシティ（多様な人材の活用）戦略は非常

に重要な考え方であり、その中で女性の活躍推進については国が最も力を入れているテーマでもあります。

それを推進していくためには、保育環境を充実させることが必須条件です。

しかし、待機児童問題は一向に解決されません。

保育園をいくら新たに作っても、待機児童の解消にはならず、むしろ都心部では増える一方です。

それでは女性の社会進出は促進されませんから、国は躍起になってさまざまな制度を推進しているのです。

待機児童問題の実態

確かに待機児童問題は非常に重要な問題です。

特に東京や政令指定都市などの大都市圏に集中しているのが特徴のため、地方都市や過疎地の人から見れば、あまり実感が湧かないというのが正直なところだとは思いますが、平成27年10月の時点で待機児童は全国に約2万3000人います。

「隠れ待機児童」と言われる、〝空きがある施設に入らず〟、〝特定の施設を希望する〟、〝自治体単独補助事業施設に通う〟、さらには〝認可保育所に入れず、育児休暇を延長した〟、〝ハローワークに登録をせずに求職している〟などの人数を含めると、数十万人はいると言われています。

また、学童保育の待機児童も深刻で約1万7000人存在しています。今後はますます増えると言われています。

私も、平成28年時点で1歳の子どもがいますが、待機児童を経験しました。

4月入所の希望をしたのですが、不承諾通知が来て、保育園に入れずに待機児童になりました。

妻は育児休暇を取得しており、4月から復帰の予定でしたが、復帰はできませんでした。

それによって、家計にも影響が出ましたし、復帰を心待ちにしていた妻の精神にも影響が出ました。

一般的に保育園というものは4月で入所できなければ、転勤や突然の退園などがない限り、簡単に入所することはでいません。しかも最も入所が難しいと言われる1歳児です。私たち二人はほぼ諦め状態で来年度まで育児休暇を延期する決意をしてたのです。

しかし、その4月末に急遽、役所から連絡があり、定員に空きが出たというのです。私たち二人は急な出来事にとても驚きましたが、急いで入所の準備をして、5月から通うことになったのです。

私たち家族の例というのは、さほど大きな問題ではありませんが、それでも苦い思いをしました。

ですので、待機児童問題で1年も2年も育児休暇から復帰が出来ない方々というのは本当に辛い思いをされていることでしょう。

「保育園落ちた日本死ね」という匿名ブログが一時社会現象になりましたが、この表現や行為自体を肯定できないものの、決して全く気持ちが分からないこともありません。

それくらい、保育園に入れずに仕事に復帰できないことが生活を大きく左右する方々もたくさんいるということです。

最近では、「ポジティブアクション」という活動なども注目度を高めているように、キャリアを積極的に求める女性が増えてきています。

また、一方では格差社会がますます広がり、共働きで仕事をしなければ生活が難しい世帯も増え、子どもの貧困率も子ども全体の15%もいると言われています。

このように、国にとっても、国民にとっても重要な問題である待機児童問題は、決して無視できる問題ではなく、早期に解決することが求められますが、実はこの待機児童問題の陰に隠れた大きな問題が存在していることを知らない人が多いのです。

障がい児保育の実態

その問題というのが「障がい児」の問題です。

昨今自閉症やアスペルガー症候群などの発達障がいを持つ子どもたちが増えているという話を耳にする方も多いのではないでしょうか？

前述した通り、女性の社会進出、就労率が高まる中で、障がいを持つ子どもの親の生活環境が変化しているということです。

子どもの障がいの有無問わず、親自身、仕事をしなくてはならない、仕事をしたいという方も増えているわけです。

そんな中で障がい児を取り巻く環境も変化してきています。その変化を少し見ていきましょう。

少々古いデータですが、厚生労働省のデータによると、平成23年時点での18歳未満の障がい児数は障がい者手帳保持者で19万9000人、内訳で見ますと、身体障がいが7万3000人、知的障がいが15万2000人となっています。

この子たちはどのような生活を送っているのでしょうか？

平成24年に児童福祉法改正による障がい児施設・事業の一元化が図られたことで、大きくは、

①障がい児通所支援
②障がい児入所支援

に分類されます。

特にこのうち通所支援施設にフォーカスしますと、平成26年時点で全国に約7500施設あり、児童発達支援（医療型も含む）が約2600施設で利用者数が約5万8000人、放課後等デイサービスが約4600施設で利用者が約7万9000人になります。

よって、通所支援施設の90％以上が、児童

発達支援施設もしくは放課後等デイサービスであることが分かります。

その中でも、放課後等デイサービスは対象が小学生以上ですので、乳幼児を対象とした障がい児の受け皿は児童発達支援施設ということになります。

つまり、児童発達支援が乳幼児の受け皿になっているのですが、児童発達支援は、通園タイプの事業所に保育園や幼稚園の代わりとして毎日通う場合から、習い事のように週に何回か通い療育を受ける場合まで、その子の状況や施設のタイプによって受けられるサービスはさまざまです。

また、子どもだけが通所する場合、親子で通所する場合などもあり、施設や個々のプランによってさまざまな療育・支援があります。

これらの特性からも、保育園のように就労する親を前提とした環境ではないため、そのような親にとっては全ての施設が対象になっているわけではなく、また、施設数もまだまだ少ないため、就労しながら毎日通うことも決して楽ではありません。さらに、多くが知的障がいの子どもたちのため、身体障がいの子どもたちが通える施設とは言い難いところもあると言われています。

子ども子育て支援新制度と障がい児の関係

もちろん、今回の子ども子育て支援新制度においても、障がい児への支援はこれまでよりも充実しています。

具体的には、主に以下の内容が制度に盛り込まれています。

①あらかじめ、市町村が障がい児等の人数等の状況、施設・事業の受入れについて把握をした上で、教育・保育の提供

②保育園や認定こども園が障がい児を受け入れることで、障がい児加算・療育加算を加算

③居宅訪問型保育事業の新設により、障がい児の在宅保育が可能に

いずれも、これまでの制度にはない、新制度ならではの施策ではあるのですが、大きな問題があります。

まず①についてですが、これは市町村が各保育園、認定こども園等に障がい児の受入れについての意向調査を行うのですが、これまでこれら施設において十分な受け入れ体制が整備されてこなかった理由として、受入れの意向を示す保育園が多くなかったことが挙げられます。

つまり保育園や認定こども園側としては、障がい児を受け入れることで、個別対応が必要になることで職員を増やさなければならないなどの観点から、これらを拒んできた園も多いのです。

次に②についてですが、新制度から新たに障がい児の受入を行うことによって公定価格に基づいた加算が事業者に収入として入る形

になったのですが、この金額が保育士一人の人件費分を賄えない金額であるということです。

国としては、障がい児保育を推進するために実施した加算ではあるのですが、それが実態と乖離があるということです。

最後に③ですが、この居宅訪問型保育事業というのは、小規模保育同様に新たに子ども子育て支援新制度からスタートした事業で、ベビーシッターをベースにした事業です。

つまり、自宅で保育をするサービスで、障がい児保育だけでなく、病児になった時に保育する病児保育なども含めて期待された事業なのですが、平成27年度時点ではこの実施件数は全国でたったの4件しかないのです。

要するに、現時点では子ども子育て支援新制度による障がい児保育の支援は国の期待とは反して、抜本的な改善にはなっておらず、結局のところ、児童発達支援に依存する環境という意味ではこれまでと大きく変わっていないのが現状なのです。

未来の障がい児保育に風穴を開けたクオーレ

以上のように、社会全体が女性の社会進出や活躍を後押しする中で、乳幼児に限らず待機児童問題の解決を主とした子ども子育て支援新制度はこれからも子育て支援策の核として、重要な役割を担っていくわけですが、しかしながら、その中で障がい児を取り巻く環境が十分でない事実も私たちは知らなければなりません。

このような環境の中で、乳幼児の障がい児保育のあるべき姿に向かうために風穴を開けたのが社会福祉法人藹藹会の小規模保育事業B型の「クオーレ」だと私は思います。

この事業については後述されますので、具体的な内容については割愛しますが、子ども子育て支援新制度と障がい児保育を上手にハイブリットさせ、価値ある環境をつくりだされています。

このクオーレだからこそ、生み出せる価値としては、

①健常児と障がい児が自然な形で共存する
②子ども子育て支援新制度を活用した障がい児保育の新たなカタチである
③お子さまが障がい児でも働く親、働きたい親を支援できる施設である

という点にあります。

女性が働き、活躍する環境が当たり前の時代に、そしてますますその力が求められる時代に健常児や障がい児などの子どもたちの状態によって、働くことをあきらめなければならないというのは、社会にとってとても大きなロスだと私は思います。

待機児童問題や子ども子育て支援新制度の

陰に潜む社会問題を解決することも地域や保育事業者の役割なのです。

（株式会社船井総合研究所　大嶽広展）

Part 2

多様性を実現するための キュービックマネジメント システム

平成28(2016)年7月14日、船井総合研究所の企画による全国見学会が行われ、北関東では「まこと幼稚園」、そして譪譪会で新しく設立した小規模保育施設「クオーレ」を全国の保育施設や幼稚園経営者たちが視察に訪れた。子ども子育て支援新制度が始まり、多くの園が抱える課題に対する解決策を提示する。

地域に根付いた事業展開

高村　子ども子育て支援新制度ができたことによって、これまで分けられていた保育園と幼稚園の領域がクロスすることになりました。この二つはそもそもどう位置づけられているのでしょうか。

山村　一般の人から見ると、幼稚園も保育園も同じではないか、なにが変わるのかと思われることでしょう。でも、携わっている現場の人たちからすれば、保育所は福祉の領域です。特に0～2歳のお子さんをお預かりする施設というのは、子どもたちが成長していく上で一番大事な愛情をたっぷり受けられる場所であり、子どもが育つ基盤になるものを培っていく場所です。それに対し、幼稚園は学校教育法の中に位置づけられているように、良き市民になっていく基礎を培っていく教育の場になります。しかし現在、幼保一元化という形で、子どもにとって生活できる場を保育園でも幼稚園でも可能なようにしようとする国の動きもあるわけです。

高村　7月に行われた視察見学会には、全国の保育園や幼稚園の経営者の方々がお集まりになりました。藹藹会が選ばれたのは、藹藹会と学校法人金子学園が教育と福祉を多面的にとらえ、地域に根付いて事業の展開をしていることだとお聞きしています。

山村　これまで教育と福祉は分けて考えられていました。しかし、子どもたちにとって良質な環境という軸でみれば教育とか保育という垣根はあまり意味をなさなくなります。そういう意味では教育と福祉を「融合させていく」という考え方が必要ではないでしょうか。小規模保育施設の「クオーレ」を開設したことにより、障害をお持ちのお子さんも健常のお子さんも一緒に育っていく環境ができました。そういう意味で今行っていることは、まさに融合であり、多様性を実現していくということではないかと思っています。

高村　社会状況としては、障がいを持つお子さんを受け入れる施設が、これまで以上に必要とされるということでしょうか。

山村　障がいをお持ちのお子さんを看ることが「特別なこと」でなく受け入れられるべきもう

一つの理由として、今の時代の流れの中で、障がいを持つお子さんのご家族の方たちも、働かなくてはいけなかったり、働きたいということもあります。つまり、親御さんの人生もあるわけです。そういったことが、我々が作ったような小規模の保育施設のようなところで、「働きたい」という希望を実現していくお手伝いができるのであれば、私たちの存在価値につながると思います。

高村アナウンサーの視点

保育と教育というのは専門分野で考えると別々のものだとうかがいましたが、保育や教育の現場でそれを一体化していこうとする動きが進む今、日本の現場の多くはまだ試行錯誤をなさっていることがうかがえました。次のページでは、そうした中で藹藹会が目指す「教育と福祉の融合」について山村先生に執筆いただきました。

クオーレでは障がい児であっても健常児と同じ体験をさせているが、そのやりかたは、障がいを持つ子どもであってもその子が楽しめるよう、道具ややり方において職員が工夫を重ねている。

多様性を実現するためのCubic Management System

〝Total care for Children〟という視点子ども子育て支援新制度（以下「新制度」）という大きな制度改革は、社会の変化に追従する形で編み出されたものです。私は、その背景に、日本社会における深い部分での動き、なんらかの情動が動いているように思います。その情動が不安や怖れなのか、あるいはなんらかの実現の可能性を秘めているのか。日本社会、あるいは日本文化において一番大事な〝なにか〟を突き付けられているような気がしてなりません。

私はその〝なにか〟を、〝アイデンティティの不安定性〟と捉えています。日本固有の同質性という文化の中に多様性という新たな世界をリアルに感じるとき、この不安定さが落ち着きをなくすのだと思います。そうした情動に突き動かされてようやく実現されたのがこの「新制度」なのではないかと考えています。

アイデンティティの不安定さという根幹の揺らぎを解消していくためには、共通の場における体験が必要です。その意味で、子どもの世界というのは、誰もが経験し、可能性を秘めた世界で日本人としてのアイデンティティについて確認し、再構築するには、最適な場だと思います。

この世の中には、健常に生まれるお子さんもいれば、障がいを抱えながら生まれるお子さんがいます。もちろん、障がいを抱えて生まれたお子さんとそのご家族の方のご苦労は、私たちの想像をはるかに超えるものがあると思います。でも、生まれてきた命の尊さに変わりはありませんし、そのことは誰もが理解できることです。ところが、その命がいっしょに育まれる場こそ、私たちに大きな学びをもたらしてくれるということについては、気づいていながらも、目を伏せてきてしまったのかもしれません。

私は、「新制度」をきっかけに、命を育みつないでいく〝Total care for Children〟の仕組みの構築が実践の現場に求められ、地域社会にとって新しい価値となるのではないかと考えています。それはまさに多様性の実現という日本社会が抱える大きな課題への挑戦だと考えています。

私が描く〝Total care for Children〟とは、0歳から9歳までのお子さんを対象に〝学び〟を保障していくものです。さらに、可能な限り身体に障がいをお持ちのお子さんも包含していこうと考えています。なぜなら、身体に障がいを抱えるお子さんというのは、概ね車いすでの生活を余儀なくされ、健常のお子さんといっしょに学ぶ機会の確保が難しいからです。そのうえで、子どもたちの発達の道筋を描くことができ、加えて障がいを抱えるお子さんについては、その後の施設サービスの「利用の道筋」を示す必要があると考えています。

そのため、私自身があらためて気づいた〝Total care for Children〟という考え方のなかには、〝多様性の実現とFusion（融合）〟という新しい軸が含まれています。この新しい軸は、教育という縦軸と福祉という横軸に、もう一つの補助線を入れることで一つの「面」ができる、この「面」を創り出すチャンス（機会）を示していると言えます。

多様性という言葉については、さまざまな見解や解釈が成されています。たとえば、多様性を「目的」と捉えるのか、あるいは「手段」なのか、「条件」なのかといった具合にさまざまな観点から論じられています。

私は、多様性を「目的」として捉えています。多様な子どもたちの学びを保障し、その潜在的な能力を向上させる、また、多様な働き方、多様な職種がある中で、一人ひとりの職員が成長できる、こうした姿は多様性が実現された時こそ実感できると考えているからです。

本書で取り上げている小規模保育施設クオーレは、定員12名という極めて小さな保育園です。ここでは、身体に障がいを抱えるお子さんと健常のお子さんが、同一の空間で同一の時間を過ごし、同一のプログラムに接しています。定員の半数まで障がいを抱えるお子さんを受け入れていますが、通常の保育士や看護師だけでの対応は難しいと思います。

Ｐａｒｔ１で大嶽さんが障がいを抱えるお子さんが置かれた状況について書かれていますが、実際に教育現場や保育の現場では、受け入れたくても受け入れられないというのが現実です。

たとえば、鼻腔から酸素を吸入する1歳児のお子さんや全介護状態のお子さんがいます。通常の保育所の職員体制で見ることができるかといえば、それは無理な話です。ところが、クオーレでは、生活支援（介護）を専門とする職員や相談業務に通じた職員、さらには、こうした現場の職員をスーパーバイズできる職員が行き来することで、多様性の実現という目的を実現しようとしています。同時にこの小さな保育園に新しい価値が生まれようとしています。

また、「新制度」への移行を受けて始まったアフタースクール夢の学舎、いわゆる学童保育ですが、小学校生活に問題を抱えるお子さんも、この学舎には喜んで来ています。ここでは障がい者支援施設の職員が講師となって、子どもたちに文字の書き方やゲームの歴史を教えているのですが、そのような光景を想像できるでしょうか。その人の持つ特性が生かされているのです。さらに言えば、二つの軸をもつ機会が創られることで職員一人ひとりの意識の中に、多様性が実現されているということです。

ところで多様性の実現のためには、なにかエンジンのような仕組みが必要です。〝Total care for Children〟を目指すために生み出したのが〝Cubic Management System〟というエンジンでした。

地域の教育と福祉を総合的・多面的に支える

私にとって、この〝Total care for Children〟という観点への気づきは、自らが関わって運営する二法人11施設・事業の融合を図っていくことを導くものでした。二つの法人が融合していくことによる地域包括型の支援が可能になれば、子どもたち全般の育ちに寄与できるという仮説を導きました。同時にそれは職員一人ひとりの成長を支えるとも考えられました。

その理由は、私が数年ほど前から持っていた課題意識にあります。私自身これまで、主に健常の子どもたちの学びの場を保障し、数々の取り組みをパイロット的に行ってきました。同時に、障がい児者の支援施設を運営しながら、障がい者にとっての生涯学習の在り方について考えてきました。現在ハートフィールドで行われている日中支援活動もそのひとつです。ところが、障がい児にとっての学びの場を構築することはなかなか難しいことでした。

この課題を解決していくためには、健常

児、障がい児という区分で行うのではなく、「体験」という軸を中心に、子どもたちの学びを保障するための、協働的でさらに融合されたシステムの構築が必要でした。

そのためには、現在有している資源をどう有効に活用していくかということです。現存する二つの法人、学校法人と社会福祉法人が有する施設や職員の融合を実際的に図ることで、利用者の多様なニーズに対応する受け皿となれるのではないか。地域社会に対して応分の責任を果たしていける環境を再構築することが可能ではないかと考えていました。これを、「地域の教育と福祉を総合的・多面的に支える法人を目指す」と表現し〝Cubic Management System〟と呼んでいます。

連携という名の下で施設や備品の共有などはよくあることですが、〝Cubic Management System〟は、モノや情報だけではなく、職員という「人」の融合を成立させることを目指しています。各施設に所属するさまざまな職種の人たちが、それぞれの特性を生かしながら所属する法人の枠を超えて行き来します。各施設で行う行事に参加するだけでなく、交流活動やイベントを共に考え企画し実行していくことが求められます。

〝Cubic Management System〟における職員は「地域の教育と福祉を総合的・多面的に支えること」を目指すという、私たち2法人の方針を具現化した「人生を魅力あるものにし、多様性の実現と個の育ちを同時に達成しよう」というコンセプトを共有することから始まります。

私は「新制度」という改革の流れに乗ることで、多くの問題が想定されるにせよ、自らの法人や施設にとっても成長の機会にしていかなくてはならないとも考えています。また、新たな事業を展開するうえで、独自性を打ち出すこと、成長に結びつき、変革をもたらすものを選んでいかなければならないと思っています。

繰り返しになりますが、私は可能な限り健常なお子さんであれ、障がいを抱えるお子さんであれ、小さい時こそ共に学びが保障されるべきだと考えています。

本書で取りあげた小規模保育施設は、キュービックマネジメントシステムを具現化する象徴的な施設という位置づけだったのです。

多様性の実現に向けて四つの衝動を生かす「人」、教育や福祉のサービスにおいては不可欠な要素です。教育や福祉というサービスに従事するのは、職員という「人」です。そしてそのサービスを受けるのも「人」です。

職員という「人」にはさまざまな個性があります。そして働き方も、ワークを重視する人、ワークライフのバランスをとる人、ライフを重視する人とさまざまなスタイルがあり、まさに多様化しています。教育実践、保育実践さらには介護の現場では一生懸命働いている先生方や保育士のみなさん、生活支援員のみなさんがいます。この人たちもまた、その働き方に多様な形態があります。フルタイム、短時間勤務、週に3日の勤務、小さな赤ちゃんを育てながらの方、本当にさまざまな姿があります。さらに、さまざまな特技や趣味を持っている人がいます。そうした多様な「人」のもつ能力を表現させる場として、子どもの学びの場は最適であると思います。

小規模保育施設を例にとれば、健常のお子さん、身体に障がいを抱えるお子さん、片親のご家庭のお子さん、祖父母と暮らすお子さんなど、これも多様性を見ることができます。その多様さは、ご家庭という括りでも見られます。

ところで、多様性への配慮や対応は、現場レベルでは難しいことも生じます。あちらをたてればこちらがたたず、集団としての統制を図ることが困難となることもあります。インクルージョン（受容）する力が一方で必要な理由もここにあります。

なぜ、多様性が生まれるのか、ということについてはいまだ解明できないようですが、現実問題として多様性への配慮や対応が求められています。

そこで〝Cubic Management System〟は、多様性の実現という目的に向かう上で「四つの基本衝動」ということに注目しています。多様性というのは、顕在化された行動や現象を捉えてそう解釈していますが、むしろ、それらの根っこの部分にフォーカスすることを試みています。

人間は、本能的な四つの衝動を備えていると言われます。その四つとは、「獲得衝動」「親和衝動」「学習衝動」「防衛衝動」です（『ハーバード・ビジネススクールの〈人間行動学〉講義』ポール・R・ローレンス　ニティン・ノーリア，2013）。

「人」は、こうした四つの衝動をそれぞれの場面で発揮し、受け入れたり、拒否したり、流したりすることを繰り返しています。

その概略を簡単にまとめてみたいと思います。

「獲得衝動」とは、品物の獲得であり、楽しい経験の獲得、社会的地位や職場での地位、好きなことができる時間、子孫や家族の獲得など、所有者意識を持つことができる、つまり自分自身と同一視できるようになるための衝動です。この衝動が強すぎると、他者との競争に引きずり込まれやすくなると言えます。

他との関係において、あるいは他との比較において成り立つという視点に立つことを「相対的」と言いますが、私たちは、他者よりも多くのモノを得たいという衝動を繰り返してきているし、今も行っています。同時に、獲得衝動は〝協調〟ということにも一役買っていて、社会的分業という知恵を使い、そこでの取引や交換という手段も生み出してきました。この分業という知恵は、「新しい価値の創造」で、競争社会に引きずり込まれないつまり戦わずして勝つという孫子の考え方に通じているように思います。

「親和衝動」とは、他者と社会的なつながりを持ち相互関係を結びたいという衝動です。この衝動があるからこそ、私たちは協力関係へと引き込まれるのです。赤ちゃんとお母さんの関係における赤ちゃんの微笑み、集団や組織との一体感を求める態度や、家族の絆、地域での結びつきなどもこの親和衝動に基づいていると考えられます。

「学習衝動」とは、「なるほど」とか「わかった」という感覚やさまざまなスキルの習得により満たされます。さらに、この衝動はさまざまな動機や欲求を派生させたと言われています。コンピテンスやマズローの成長欲求がそれにあたるそうです。学習衝動の源には、好奇心があることも注目できます。

「防衛衝動」とは、自分が獲得したものへの脅威が表れたときに起こる本能的欲求と言われています。こうした反応のおかげで危機における生き残りの可能性を高めたと言われます。人間は、時に不合理な行動を取ることがありますが、これも防衛反応によるようです。

この現象は、生活経験上感覚的に理解できます。情動を抑えきれずに暴力的になること、攻撃的な言動などの現象も、その人の防衛反応であるとみれば、説明がつくことが多くあります。他の獲得衝動、親和衝動、学習衝動が望ましい経験に向かって行動を引き起こしていく能動的であることに対し、防衛衝動は、受動的であるというのが大きな特徴です。

この四つの衝動を、均衡的に満たせれば、組織内における関係性において信頼感も深まり、生産性も高まると考えられています。これらを、マーケッティングに置き換えれば、獲得衝動は、「品質」ということ、親和衝動は「サービス（応対）」ということ、学習衝動は「目新しさ」ということ、そして防衛衝動は「信頼性」ということになります。

私は、小規模保育事業B型クオーレやアフタースクール夢の学舎を運営する戦略として、利用者の皆さんやこの新規事業に携わる職員が持つこれら四つの衝動をバランス良く満たしていくことを中心に組み立てることを明確に意識してきました。

小規模保育クオーレにおける四つの衝動

特に小規模保育事業B型クオーレの職員は、身体に障がいを抱えるお子さんを定員の半数まで受け入れることに対して、不安があったと思います。けれどもリスクテイクが、地域社会への貢献となることを共通理解し、これまでにない小規模保育所を創り上げることに参画しているという「獲得衝動」に合致したと考えています。

また、一部屋に保育士以外に看護師や理学療法士、介護士といった多様な職種が、柔軟な境界線を持ち、かつ心理的な壁を取り払うことによって、互いに学び合う姿が見られます。とくに、介護士、理学療法士などの専門職は、ハートフィールドというバックアップ施設での経験が生かされ、保育士の数名も連携施設であるまこと幼稚園での指導経験等があり、交流活動などでは、「人」の融合が効果的に行われています。これらは、まさに、彼女たちが持つ親和衝動や学習衝動、さらには、防衛衝動がうまく満たされてきたからだと考えられます。

四つの衝動が均衡的に、前向きに発揮され、適切な行動がなされるとき、個人における満足度、組織における生産性が高まることを、この小さな施設は実践的に証明していると思います。また、保育所に通わせようと思うお母さんであれ職員であれ、個人の持つ満足度も高まり、自らの人生における豊かさを感じられているのではないかと思います。

この施設における成功の要因は、日常の職員数と子どもを含めた全体の数が適切であったこと、そのため方針やコンセプトの理解、雰囲気の醸成、さらには、〝Cubic Management System〟が機能したことに尽きると考えています。

〝Cubic Management System〟が「人」の融合を成立させる

教育の世界、福祉の世界、共に人が人に対して、あるサービスを実践していく場です。そしてその大部分は、心と心が関わることで成り立っています。つまり、子どもたちの育ちも障がいを抱えながら生活していく人も、心と心の関係性の中でその成長が保障されているのです。

反面、人の心は宇宙のようにとてつもなく広く、深い、と思います。「施設・職員・利用者」という関係、「施設・家庭・地域」という関係、「子ども・教員や保育士・家庭」という関係など、三つの立場でベクトルを統一していくとき、あるいは3乗して力を発揮していくときには、それぞれの心の関係性や連続性に、どう配慮すればよいのか苦慮することが多くあります。それほど、心の動きは複雑に交差しあっている〝生き物〟ということです。

保育や福祉の現場から離職する人、あるいは復職に抵抗感をもつ人が多くいるのは、こうした心と心の関係性のなかで起こる課題あるいは、感情に流されやすい社会を、上手に乗り越えることができずにいたのではないかと、私自身は経験的に推測できます。

私は、〝他者と共に命を育みつないでいくという価値観〟の共有が、多様性を実現し、今と未来を結ぶ架け橋となると信じています。それを、より確固たるものにしていくためには、教育や福祉の世界における「信頼」や「感謝」「寛容」といった価値観を回復していく世論形成に向けて、現状を発信していかなければならないと思います。

教育と福祉の融合で生み出されたリアライズとは

また、これも「質」の問題に関係することですが、より良い保育・教育からより素晴らしい保育・教育へと展開できるかどうかということも、私の課題意識にあったことです。

私が考える、より素晴らしい保育・教育とは、子どもの成長に保育者や保護者が喜びを見出すことだけでなく、保育園での生活や幼稚園での教育を通して子どもと共に大人が得られるリアライズ、つまり何かがわかったり、何かが実現されることです。

それは、「私」一人のことではなく、「私」と私の周囲の人たちとの関係性の中で、リアライズされることが重なっていく、あるいは連鎖していくところに意味があり、人生における パーソナル・プロジェクトとしての〝学び〟というエンジンを獲得することにあります。

このことは、より素晴らしい保育・教育とはなにか、ということを定義づけることなど、できないということも表しています。より素晴らしい保育・教育を目指して努力することに完結などないからです。けれども、より素晴らしい保育や教育を目指し、その改善する方法を学ぶことで状況を変化させることができる。その結果としてそこに新しい価値を生み出すことができるのではないかとも思います。

社会の変化を嘆いていても、私たちの目の前には、そして地域の中には、未来を担う子どもたちや、障がいを抱えながらも懸命に生きるみなさん、そして障がい児を大切に育てながら働きたいという気持ちをもつお母さん方がいます。地域の中でどんなことが必要とされ、そのニーズに応えるために私たちが有する資源をどう活用できるのか、私たちが新しい価値を創り上げていく、そうしたポジティブな行動が大切なように思います。

また、Part5で触れている、アフタースクール夢の学舎の様子を見ていると、指導員の「資格」の有無についての議論は、あまり意味のないことのように思います。むしろ、さまざまな経験と能力を「信頼」することのほうが重要に思えます。人口減少社会の到来を見据えるならば、多様な人材を蓄え、子どもたちの学びの場に投入できるマネジメント力が求められているのではないかと、私自身は考えています。

どんなことが、子どもたちの人生を豊かにしていくのか。また、私たち一人ひとり、自身の人生を豊かにしていくのか。それは、まさに人的環境であり、関わる事業の方針やコンセプトに共感し、働きがいや自らの成長を感じることができる場を創り出せるかにかかっています。

それでも、職場に集う人たちは、似ているようで他の誰とも異なっています。まさに多様性です。職員一人ひとりの個性が、つまり多様な個性が生かされるときこそ、人生を豊かに彩ることができるのです。ただし、働き手自身が自らの人生においてその中核となるコア・プロジェクトを自覚し、場面に応じての振る舞いを実行する力をもっていることが必要です。たとえば、教えることあるいは育むことを自分のコア・プロジェクトと捉えられるのであれば、目の前の赤ちゃんや子どもたちを心底愛することができるでしょうし、これらに関する新しい情報やワクワクしたことを伝えたくてたまらないはずです。自らが関わることでリアライズできたことは、学習衝動にも適合するからです。

こうして生まれるのが、「健やかなる知性」と言われるものであり、多様性が実現された社会において対応できる力となるものだと、私は考えます。

似て非なる教育と福祉の融合というように、二つの軸を持つということは、私たちに二十一世紀を生きる力を与えてくれるものだと思います。

（社会福祉法人藹藹会／学校法人金子学園理事長　山村達夫）

Part 3 多様性が人生を豊かにする

平成28（2016）年4月に開設した小規模保育施設「クオーレ」。障がい児と健常児が同じ環境で過ごす施設であるだけでなく、子どもひとりひとりに目の行き届く少人数ならではの手厚さが、健常児の保護者の安心感にもつながっている。

健常児と障がい児の保育の融合

高村　今回は、健常児と障害児の保育の融合というテーマでお話をお聞きします。4月にスタートしたのが藹藹会の小規模保育施設クオーレですが、まず、障がいをお持ちのお子さんの保育園や幼稚園などの施設を探そうとしたとき、現状ではどのような状況なのでしょうか。

山村　障がい児、それも肢体不自由のお子さんとなると、設備やバリアフリーの問題がクリアできず、受けいれたくてもできないという状況の施設が大半であることは間違いないと思います。クオーレは、今、国が進めていこうとしている施設ですが、ここの特徴は12名のうち6名までを肢体不自由のお子さんを対象に受け入れていることです。この施設では、理学療法士や看護師がいるので成り立っていると思いますが、他の施設ではなかなか難しいのが現状だと思われます。

高村　なるほど、現状ではなかなかハードルが高いようですね。そして、クオーレの特徴として障がいのあるお子さんと健常のお子さんが、一緒に育つことの良さを感じていらっしゃるような保護者のお声もありました。

山村　私のところでは幼稚園や保育所でも、ハートフィールドという障がい者支援施設との交流があります。0歳から2歳までのお子さんは障がいがあるとか、健常児であるという区分けはあまり意識としてはありませんが、こうした交流を経験させていくことは、社会の多様性ということを考えたときに、これからの子どもたちが身に付けていくべき視点や力としても大事だと思いますね。目に見えにくいものだけれど、体に染み入っていくものではないでしょうか。

高村　そして、保護者の方のお話の中で、お子さんの発達が他のお子さんよりもゆっくりなことを少し気にされて、ひとりひとりしっかり見て欲しいということで、クオーレを選ばれたという方がいらっしゃいましたが、この小規模保育のメリットというのはどんなところにあると思われますか。

山村　そうですね、保育とか教育の世界では「個の育ち」と「集団の育ち」の両方を考えていく必要があります。特に0歳から2歳までのお子さんの場合はやはり、個の育ちというところが、ウェイトとしてはかなり大きいでしょう。そういった意味で小規模保育施設のクオーレでは「個の育ち」を支えてあげられるかと思います。

また、昔は大家族の中で子どもが育っていくことが当たり前でしたし、幼稚園に入る前に地域にもう少し小さな集団があったと思いますが、今はなかなかそうしたコミュニティが形成しづらくなっています。その意味でもこういった小規模保育というのは、昔の良き時代の姿、地域のようなものを再現できたのかもしれないと思っています。

高村アナウンサーの視点

子どもの成長は十人十色。当然発達がゆっくりのお子さんも当然いらっしゃいますが、通常規模の保育施設での保育に不安を感じる方は決して少なくないと思います。クオーレのような小規模保育施設はそうしたニーズに応えるものでしたが、さらに障がいをお持ちのお子さんも一緒に過ごしています。4月からクオーレに入所された健常のお子さんは実際にここでどのような日々を過ごされたのでしょうか。次のページでは保護者の方の声をお伝えします。

子ども一人ひとりとじっくり向き合うひととき。ゆったりと時間が流れるのも、12名という少人数保育ならではだ。

いろいろなお子さんがいることを当たり前として生活できること

この夏、第四子である長女が、0～2歳児を受け入れている小規模保育施設のクオーレに入園しました。

私が復職するために保育園を探していたときに、以前長男が通っていたまこと幼稚園の先生から紹介していただいたことがきっかけでした。

最初に紹介されたとき、「小規模保育施設」という言葉に私自身馴染みがなかったこと、娘に対しても、よくある年長児までいる保育園に通わせるイメージしか持っていなかったことから、小規模保育施設とはいったいどんな所なのだろう、というのが正直なところでした。

ともかく見学に行ってみようと思い、娘と一緒に早速うかがうことにしました。行ってみると、春に開所したばかりという事もあるのでしょうが、明るくきれいな所というのが第一印象でした。

でも、それは施設面だけでなく、先生方の雰囲気も大きく影響しているように感じました。穏やかで温かく対応して下さる先生方に合わせて、時間もまた穏やかにゆったりと流れているように感じました。

　初めて親から離れることになる甘えん坊の長女も、始めのうちこそ私にぴったりとくっついて警戒していましたが、私が説明を受けているうちに、そういう雰囲気を感じ取って安心したのか少しずつ周りに目を向け、私から離れて室内を探索し始めていました。

　通うことになればおそらく始めは泣くであろう我が子をお願いするには、こんな風に家庭的な雰囲気のあるクオーレなら安心だろうな、と感じてその場で入園を決めました。

　いざ通い出すと、やはり最初は私と離れるのが不安で、娘はギュッと私にしがみつき泣いていました。先生に抱っこされて泣いていている我が子を振り返らないようにして去っていく辛さは多くのお母さんが経験することだと思います。それでも何日かすると、迎えに行く頃には笑顔で遊ぶ様子も見られるようになりました。そして、二週間もすると車から降りたときに抱っこせず手をつないで歩くようになり、笑顔でバイバイしてくれるようになりました。帰りには「ほいくえん、たのしかった～」とまで言っていました。慣れるのが早かったのもクオーレの雰囲気があってこそなのだろう、と思っています。

　最初のうちは、泣く我が子を置いていかなければならない事に対する葛藤で、私も頭がいっぱいでした。娘が楽しく通うようになるにつれ私自身も落ち着き、徐々に周りを見たり、考えたりする余裕が出てきました。そこで改めて感じたクオーレならではのいくつかの特徴がありました。

一つ目は身体に障がいのあるお子さんの受け入れです。大規模の幼稚園や保育園と違い、小規模保育施設という良さを生かしてクオーレでは障がいのある子もない子も一緒にゆったりと生活しています。障がいのあるお子さんにとっては、大規模施設では施設面で受け入れてもらうことが難しかったり、大勢のお子さんと接することで風邪などの感染症にかかるリスクが増える心配もあったりして、集団生活を諦めざるを得ない場合もあると思います。そういった点、クオーレでは一人ひとりのニーズに応じた保育を受けながら、集団生活も経験できる良さがあるのではないかと思います。また受け入れ環境としては理学療法士、看護師がいて下さるので、その点では全ての保護者にとっても安心なのではないかと思います。

クオーレに通う我が子にとっては、障がいのあるお子さんと一緒に生活することが当たり前になっています。どのお子さんも同じクオーレのお友だちです。

世の中には年齢が違う、性別が違う、話す言葉が違う、ハンディを抱えている部分が違う…とさまざまな人たちが暮らしています。保育園でいろいろなお子さんがいることを当たり前として生活できることはとても大切なことなのではないか、と思います。

二つ目は交流という点です。クオーレはまこと幼稚園の関連施設です。そんなこともあり先日、まこと幼稚園の年中さんが園バスでクオーレへ遊びに来て招待状を届けてくれたようで、娘が持ち帰ってきました。今度まこと幼稚園の園バスを利用して遊びに行かせてもらえるそうです。娘もその一人ですが、クオーレ卒園後はまこと幼稚園に行く予定のお子さんも多いようで、遊びに行ったり来たりして交流の機会をもてることは将来の安心感につながり、とてもありがたいと感じています。

ほかにも、まこと幼稚園でやっている夢の学舎に通う小学生が保育士の職業体験として遊びに来てくれたこともありました。お兄さん、お姉さんに優しく遊んでもらってとてもうれしそうな娘の様子を写真で見ました。

また、同じ敷地内にはアネーロというグループホームがあります。外遊びの際にはそちらへお邪魔させてもらうこともあるようです。「夏祭り」ではクオーレ利用者家族だけでなく、アネーロの皆さん、地域の皆さんと一緒に行われ、みんなでジャンケン列車ゲームをしたり、花火をしたりと、とても楽しいお祭りでした。秋には交流運動会も開催されるようです。

最近では難しくなりつつある横のつながり、縦のつながりをもつことができるのはさまざまな関連施設を持っているクオーレならではの良さだと思います。

クオーレに入所したことで、保育園独自での経験に加え、さまざまな関連施設との交流を通してお互いに学んだり、新たな経験をしたりする貴重な機会を得ることができました。このことは、今の子どもたちにこそ必要な経験であり、プラスであることは確かです。今後も娘にはさまざまな体験をして欲しいなと思っています。

そして、このような連携・関連施設を持っている園が増えてくれるとうれしいな、と一人の親として願っています。

（小規模保育事業B型クオーレ保護者　木村真由美）

Part 4

子ども同士が育ちあう風景

社会福祉法人藹藹会のふたつの保育施設、ハートフルナーサリーとクオーレ。ひとつは一般的な保育園であり、一方は健常児と障がい児の保育を担う小規模保育施設だ。このふたつの保育施設で行われている交流活動では、年の近い子ども同士の感性から生まれる刺激があるという。

異年齢との融合

高村　今回は保育施設ハートフルナーサリーと小規模保育施設クオーレの交流を軸に、幼児期における「異年齢との交流」をテーマにお話をお聞きします。まず、各施設の役割について教えていただけますか。

山村　いずれも社会福祉法人藹藹会の保育施設ですが、クオーレは0歳から2歳児までのお子さんを対象としており、半数は身体に障害をお持ちのお子さんをお預かりしています。一方ハートフルナーサリーはいわゆる通常の認可保育施設で、0歳から5歳までのお子さんをお預かりしています。また、クオーレでお預かりしている身体に障がいのあるお子さんが2歳を過ぎた時、新たにどこへ預ければいいかということが起きてきます。そうした時、まこと幼稚園とハートフルナーサリーは連携施設になっていますので空きがあれば、ハートフルナーサリーもしくは隣にあるまこと幼稚園への入園が可能となりますが、特例措置でクオーレに就学前まで在籍することが可能です。

高村　双方の施設の連携によって、異年齢の子ども同士の交流も実現しているようですね。現場ではどんな様子でしたか。

山村　先日、クオーレが設立されてから初めてハートフルナーサリーとの交流会を行いました。この日はハートフルナーサリーにいる5歳児クラスの子どもたちが、お話を発表することになっていましたが、当日発表がはじまる前、0歳から2歳のお子さんたちはわーわー泣いていました。でも、お話がはじまるとピタッと泣き止み、発表している5歳児の方をちゃんと見ていたのです。これはすごいなぁと思いましたね。

高村　年齢差のあるお子さん同士が交わることで、さまざまな刺激があるのではないでしょうか。交流をご覧になっていてどんな手応えを感じますか?

山村　ロシアの心理学者であるヴィゴツキーが唱えた「発達の最近接領域」という理論があります。ヴィゴツキーは、子どもは同年齢くらいの子たちの中でお互いに刺激し合いながら、今日出来なかったことが明日にできるようになっていくことを指摘しています。今回の交流会の様子を見ていると、まさにそうだなあと実感しました。もちろん0歳・1歳のお子さんは未熟ですし、5歳児のお子さんだってまだ言葉は未熟ですよね。でも、子ども同士の心がぶつかっていくことで、なにかを感じ取っていく力のようなものが育っているのではないかという気がしています。今後もこうした交流を積み上げていくことで、子どもの心の変化や行動にどのような変化が出てくるのかをモニタリングしていきたいなと思っています。

高村アナウンサーの視点

施設の特性や規模の異なるクオーレとハートフルナーサリー。「視点の異なる双方の先生方にとって、こうした交流はお互いによい刺激になる」という山村先生のお話をお聞きしました。次のページでは、交流会当日、ナーサリーの子どもたちがクオーレの子どもたちとどのように関わろうとしたのか、その裏側も含めて、ハートフルナーサリーの先生にお書きいただきました。

ハートフルナーサリーとクオーレとの交流会。ナーサリーの子どもたちは、年齢が近くても年上であることをちゃんと意識しており、お兄さんお姉さんらしくクオーレの子どもたちを気遣い、遊んであげていた。

子ども同士が育ちあう風景

役になりきる子どもたち

梅雨の時期、子どもたちが積木でステージを作って、歌を歌ったり踊ったりしていました。子どもたちは、マイクや踊りの小道具も自分たちで作っています。他の保育士の協力のもと、異年齢による縦割りグループを作りました。言語劇の「おおきなかぶ」、合奏の「とんでったバナナ」、ペーパーシアターの「おむすびころりん」、ダンスの「おどるポンポコリン」を題材としました。子どもたちの関心に添えるよう、四つの表現活動を準備しました。年長組の子どもたちは、年中組の子どもたちと一緒に年少組の面倒を見ながらも活動の核となっていました。

子どもたちは、保育士と一緒に小道具や衣装を作り、活動の準備も自ら意欲的に取り組みました。活動を進めていくうちに、子どもたちの心の中に、誰かに見てもらいたいという気持ちが湧いてきたように思います。乳児組の保育士の協力のもと、サマーステージという舞台が用意されました。子どもたちは、チケットを作り、当日は、年長組がチケットもぎりから席の案内まで行いました。乳児組の子どもたちは、とても喜んでいました。その様子を見た幼児組の子どもたちは、自信に満ち溢れた笑顔をしていました。

年中・年少組も、役になりきる楽しさを感じることができたようです。

クオーレの友だちが喜ぶことは?

そんな時に、クオーレとの交流の話がありました。クオーレとは、レクリエーションデイ以来の交流でした。私たちは「施設や幼稚園との交流は行っているが、どんな感じになるのか、障がいのある子とも楽しく一緒に活動するにはどうしたらよいのか」少し不安に思うこともありましたが、子どもたちにとっていろいろな人との関わりをもてることはよい機会だと、プラスに考えるようにしました。私たちと子どもたちは「クオーレとの交流会で何をしたら、クオーレのお友だちが喜ぶかな?」「何がいいかな?」「サマーステージでやった『おおきなかぶ』は?」「いいね。みんなでやってるしね」「小さい子もわかるよね」「一緒にできるかな?」と考え、今度は年長組のみで行ってみることにしました。

クオーレの先生とハートフルナーサリーの保育士は、クオーレの0・1・2歳児の子どもたちとハートフルナーサリーの年長組の子どもたちがどうやったら楽しく交流できるのかを話し合いました。子どもたちの言語劇「おおきなかぶ」を見ていただきたいと伝えました。クオーレの先生は「ちょうどこの間読んだばかりだから、子どもたちもわかります」と言ってくださいました。

クオーレとの交流会

当日、クオーレに着くと、子どもたちは少し緊張していました。ハートフルナーサリーの子どもたちにとっては、初めて見る景色です。保育室に入ると、クオーレの先生方と子どもたちは、元気に挨拶をしてくれました。ハートフルナーサリーの子どもたちも、明るく挨拶をしました。そして「おおきなかぶ」の劇を行いました。緊張気味の子どもたちは、いつもより小さめの声でした。私たちは、なんとかいつもの元気な子どもたちの姿を見せてほしい、クオーレの友だちが一緒にのってくれるようにしなくてはと思いました。私たちは、子どもたちに笑顔で大丈夫とアイコンタクトをし、一緒に「うんとこしょどっこいしょ」と、台詞を言いました。すると、クオーレの先生方も一緒に「うんとこしょどっこいしょ」と、掛け声をかけ、一緒に子どもたちを盛り上げてくださったのです。すると、次々に出てきた役の子たちは元気に台詞を言ったり、表現することができました。最後の方では、クオーレの友だちが一緒に「うんとこしょどっこいしょ」と言っていました。子どもたちが緊張のため「みんなも手伝って」という台詞を忘れてしまうこともありました。保育士が「クオーレのお友だちも一緒にやってみよう！」と声をかけると、うれしそうにかぶの所へ走ってくる子、先生と一緒に間に入る子がいます。障がいを持っている子も先生と一緒に入りました。みんなは一斉に「うんとこしょどっこいしょ」と、かぶを抜こうとしました。保育士が「まだまだ抜けません。みんなの声が足りないかな？　もっとがんばって！」と、声をかけました。その場にいる全員が大きな声で「うんとこしょどっこいしょ」と掛け声をかけました。かぶが抜けると、みんなは拍手して喜びました。その時、その場にいる全員が一つになれたように感じました。

その後、ハートフルナーサリーの友だちはクオーレの友だちとで1対1で、ふれあい遊びをしました。子どもたちのなかには、恥ずかしがって触れ合うことをためらっていた子もいましたが、保育士がクオーレの友だちに歌いながら触れると、真似をして優しく触れることができました。ハートフルナーサリーの子どもたちは、触れてもらった友だちがうれしそうににこっと笑うと「かわいい」と、喜んでいました。

ハートフルナーサリーの子どもたちとクオーレの子どもたちが一緒に体操をし、身体をいっぱい動かしました。子どもたちは、にこにこ笑顔です。いつしか、ハートフルナーサリーの子どもたちは、緊張もほぐれてきました。そして、ハートフルナーサリーの子どもたちとクオーレの子どもたちは、すいかを一緒に食べました。「おいしいね」と、保育士がクオーレの友だちに声をかけたり、クオーレの先生がハートフルナーサリーの子どもたちに声をかけたりしたことで、子どもたちがよい雰囲気に包まれていました。クオーレの友だちがすいかを食べ終わってしまうと、隣にいたハートフルナーサリーの友だちのすいかに手を伸ばしてきました。ハートフルナーサリーの子どもが「これ、ぼくのだよ」と言う姿もほほえましい光景でした。最後は、クオーレの友だちがハートフルナーサリーの子どもたちにプレゼントを渡しました。ハートフルナーサリーの子どもたちは、自然と「ありがとう」と、握手をしたり、クオーレの友だちの身長に合わせて少しかがんで顔を見たりしていました。

関わることで成長できた

ハートフルナーサリーに帰る途中、子どもたちは「楽しかったね」「また会いたいね」と、うれしそうにプレゼントを見ながら友だち同士で話していました。子どもたちは、自分からクオーレの友だちや先生と積極的に関わり、発表することで自信を持つことができ、成長できた機会でした。この交流で、保育士の考えも少し変わってきたように思います。年長組のクラス担任もその一人です。彼女は、次のように話していました。

『私は、クオーレの方々とは、レクリエーションデイなどの行事での交流はありましたが、クオーレを訪ねるのは初めてでした。訪問前、どんな雰囲気なのか、どんなお友だちがいるのか、詳しくは分からなかったため、緊張していました。入ってすぐ、先生方や子どもたちが元気に「こんにちは」と挨拶をしてくださったことで少し緊張も解け、子どもたちと劇の発表をすることができました。発表を終えると、ほっと一安心していたところで先生たち自身がうれしそうに子どもたちとダンスを踊っていました。その姿を見て、自分の保育を振り返りました。自分が楽しい気持ちで保育していくことが子どもたちの楽しい生活に繋がると改めて感じました。また優しくサポートしながら声をかけ、活動に誘う姿や、一人になってしまった子に対しての援助が素晴らしいと思いました。体が不自由なお友だちも保育士のサポートがあることで一緒に楽しんで参加することができていて、とても参考になりました。一人ひとりによく目を向け、子どもたちの今まで知らなかった姿も発見できるようになっていきたいと思います』

一つになる

私は、いつも一緒にいるメンバーだけでは、いつも同じ考え、行動になってしまうと思います。他の施設の先生と関わることで、新鮮な考え方や行動が見えてきます。私たち保育士が一緒に一つの目標に向かっていくことで、新しい風が自分の心の中に、そして子どもたちの中に吹いたような気がしました。保育士が「子どもたちのために」と思うことは一緒です。私は、よい雰囲気を感じてほしい、いろいろな考えがあることを知り、受け止め、みんなで一つの目標に向かい、一つになった瞬間の感動を他の保育士にも味わってもらいたいと思います。そのためにも、たくさんの保育士や子どもたちが交流できる機会を作り、子どもたちを良い雰囲気の中で保育していけるプロセスを大切にしていきたいと考えています。また、他の施設の職員と連携を取り、お互いに刺激し合い、お互いを高めていきたいと思います。

（社会福祉法人藹藹会児童福祉施設ハートフルナーサリー保育主任　荻原由江）

Part 5

七歳のジョブ体験

保育施設ハートフルナーサリー、小規模保育施設クオーレ、まこと幼稚園、そして、子ども子育て支援新制度を背景に開設した放課後児童クラブ「アフタースクール夢の学舎」。ここでは「融合」というコンセプトを軸に、各施設の子どもたちが交流体験を行う中で、実践的な学びを獲得している。

夢の学舎の子どもたちの学習

高村　毎年6月に藹藹会のハートフィールドで「ほたるの集い」という催しが行われています。今回は番組でお伝えしたこの催しに象徴される「融合」をテーマにお話をうかがいます。まず、この催しについて教えてください。

山村　この催しは今年8回目を迎えますが、健常の子どもたちや障がいを持っている方、そして、そのご家族にも集まっていただき、環境や教育・福祉を融合させた催しとして、これまで実施してきました。当日の日中は園児たちの歌などの発表をはじめ、職員総出でさまざまな模擬店を手がけます。そして、暗くなると施設に隣接する小川で育成するホタルをみんなで鑑賞します。こうした体験を子どもや保護者、障がい者のみなさんが共有することで「融合」というコンセプトにつながっています。

高村　今年は放課後児童クラブである『アフタースクール夢の学舎』の子どもたちが、チャリティバザーに参加するということで、その準備を行っているところに取材にうかがいました。このバザーにはどういった目的で参加しているのですか？

山村　昨年からこのホタルの集いに、「アフタースクール夢の学舎」の子どもたちがひとつのプロジェクトを組んで参加するということを始めました。今年は熊本地震のチャリティとしてバザーをやりたいという希望が子どもたちから出ましたので、それを実現しました。

高村　皆さんの呼びかけで色々な品を集めてきてもらったそうですが、すべて自発的にやっているというのは本当に素晴らしいと思います。その中で、集まった品物に対して子どもたちが自ら値段付けをしていましたが、これはどういう意図なんでしょうか。

山村　値段付けという作業によって「ものの価値というものをお金に換算すると、どうなのか？」ということを、子どもたちなりに考えていくことを意図としています。その際職員は、ものの価値や価格の基準といったことを、子どもたちなりに考えるよう促しています。

必要としている人から見れば、その品物を高い値段でも買うでしょう。でも、同じものであっても必要としない人はどうなのか。そういうことをこのバザーを通じて体験的に学びます。幼稚園の教育の中では「想像力を育む」ということをコンセプトとしていますが、そういうことを含めて、買う側の気持ちとしてはどうなのか、という想像力を働かせる。つまり「相手の気持ちに立つ」ということを、実践的な生活の場で子どもたちが体験できたらと思って取組んでいます。

高村アナウンサーの視点

「ほたるの集い」ではチャリティバザーに参加したアフタースクール夢の学舎の子どもたちですが、その他にも、藹藹会の小規模保育施設クオーレの小さなお友だちとの交流活動なども行っています。次のページでは、言葉での意思疎通が難しい子どもたちとの交流を試みた児童たちが、こうした体験を通してなにを学んでいくのかを読みときます。

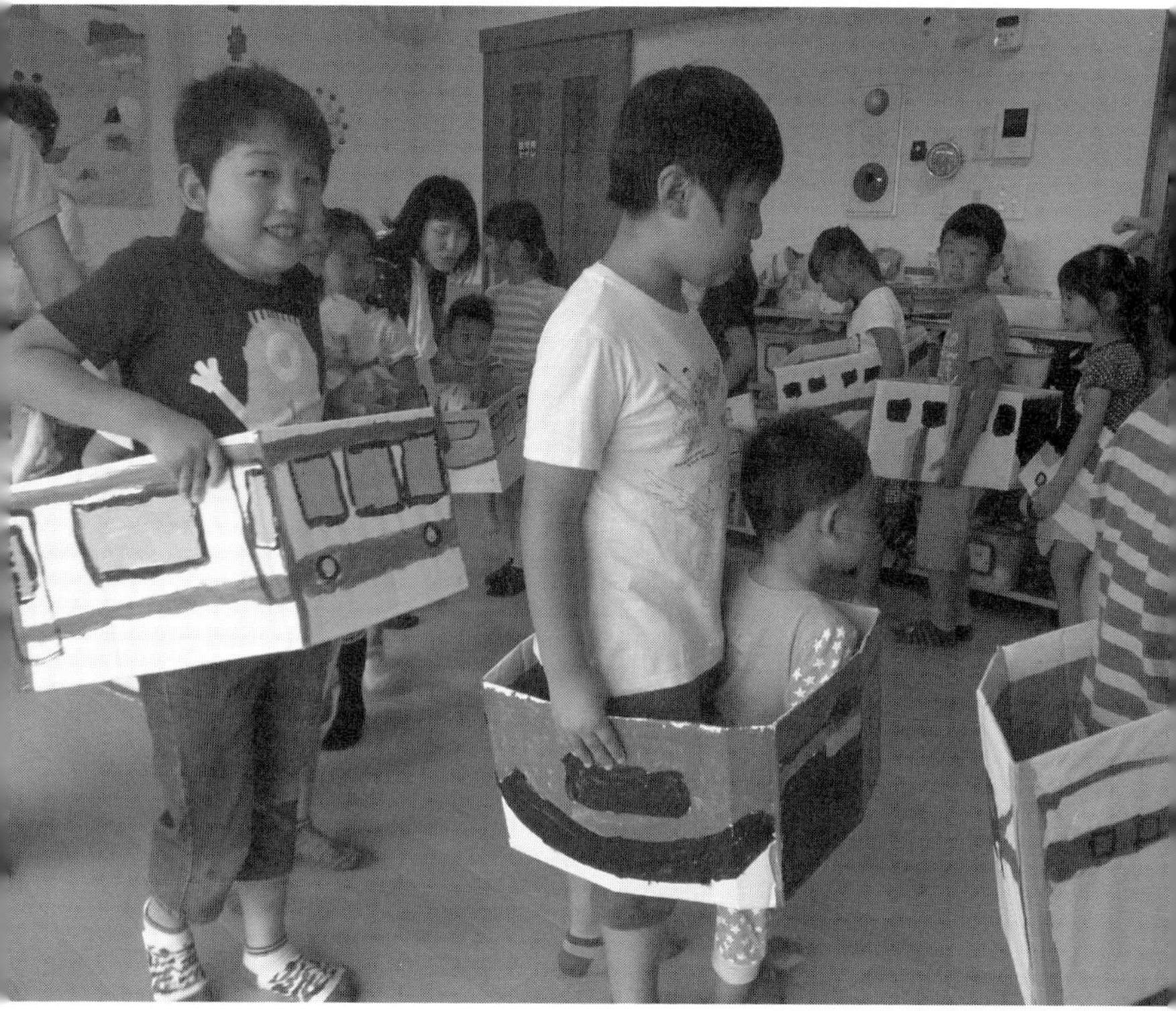

アフタースクール 夢の学舎の子どもたちとクオーレとの交流会。小学生なりにどうやって幼児を楽しませようかと、想像力を働かせて考える。これが体験を通した学びとなっていく。

自分自身で心を育てる七歳のジョブ体験　自分自身で心を育てる

はじめに

アフタースクール夢の学舎（ゆめのまなびや）とは、まこと幼稚園が運営する小学1年生から3年生を対象とした民間の放課後児童クラブです。平成27年4月施行の「子ども・子育て支援新制度」により、学童保育の拡充が示されたことにより開設したものです。

政府は今までのゆとり教育に終止符を打ち、子どもの教育を見直すことになりました。ざっくり言うなら、これからの子どもたちは自分で解決方法を考え導き出し、実用性のある学習をしていくということです。

アフタースクール夢の学舎では、ご両親共に働くご家庭を支援することに加え、小学校低学年の子どもたちの放課後を「より充実したものにすること」、「学習でのつまづきを軽減すること」を目的としています。そのコンセプトは以下の通りです。

プレゴールデンエイジの教育

小学校1年生～3年生という運動神経の基礎が育まれるこの時期に、子どもたちがのびのびと生活できる環境を生かして、多くの運動を取り入れるとともに、まこと幼稚園で培われた豊富な教育メソッドをアレンジし、子どもたちがさまざまな経験をできる環境を整えています。たとえば、1日の定員15名に対して3名の指導員という手厚い指導体制や夏休みにはキャンプやハイキングなどさまざまな体験プログラムを行っています。

知的好奇心を育む教育

小学校1年生~3年生は、新しい発見や自分の「楽しい!」と思えるものを探究する時期だと言われます。夢の学舎ではさまざまな体験を通して、子どもたちの知的好奇心を育むために、子どもたちがチャレンジする機会を数多く準備しています。また、子どもたちが楽しみながら参加できる体験イベントを用意し、学舎に来ること自体が楽しくなる環境設定をしています。

特徴的なことは、表現力を高めるために、毎日「じぶん新聞」を作成する時間を設けています。その背景には次のような理由があります。「じぶん新聞」には、基本的にその日楽しかった出来事を書きますが、同時に一日にあったさまざまな出来事、あまり気に入らなかったことや失敗したことも頭の中で振り返ることで、明日は違う過ごし方をしようとか、自分なりの目標を決めるなどといった、自分の生活をより良いものにしようと考えるようにもなるからです。

学習するクセをつける環境

小学校に進むと学校から宿題が出されます。宿題は基本的に毎日励むものであり、子どもたちにとっては学習の習慣づくりになります。夢の学舎では、学習の習慣づくりをするとともに、小学校4年生以降に子どもたちが学習でつまづかないように、デジタル学習プログラムを導入し国語力と算数力の向上に寄与しています。ここでは、二つの点でその効果に期待しています。

一つめはスマートフォンやタブレットが普及している現代で、デジタルに関わらないことは不可能であり、むしろ、デジタル化は加速すると考えられます。近年、ロボットの開発が進み、数十年の内に、現在ある職業の大半がロボットに置き換える事が出来るというのです。人間は生き物なので、仕事を行うのに波があり、ミスもします。しかしロボットにはそういったことはおきません。今や知らない人はいないアップルの iPhone は、天気や交通状況などを質問すると、瞬時に正確な情報を提供してくれます。また、アップルは自動操縦の自動車も作っています。人間に代わってロボットが先生をしている学校もあります。まさに、ドラえもんの世界がすぐそこまで迫ってきているのです。子どもたちはこれからのデジタル化社会に適応していかなければなりません。デジタル学習はその一歩目としての意味も持っているのです。

なぜ、国語と算数なのか。昔から「読み書

き算盤」が生活していくうえでの基本であると言われるように、私たちの生活の営みは、言葉と論理的思考力に支えられています。言葉だけを知り、論理的思考力が伴わなければ、相手にうまく伝えることもできませんし、相手の言っていることも理解できません。

また、算数はもちろん、生活のなかでも計算や物事の考え方に算数を必要とすることがありますが、小学4年生頃から少し難しくなり、小学3年生までの内容を理解していることが必須となります。学びの放棄につながらない準備をしておく必要があると考えています。

小学3年生までの国語と算数をしっかりと学ぶ習慣は、他の教科の学びにも必ずつながるものです。わからないことがあればすぐに質問させ、理由をしっかり説明し、納得できるように指導しています。

子どもの心を育む活動

夢の学舎は、幼稚園の教育コンセプトである「〝IMAGUATION〟—子どもたちの想像力を育む教育環境づくり—」を継続しています。そのため、体験を通しての学びと同時に体験を通して心を育むことにも力を注いでいます。

『こころを育む総合フォーラム（公共財団法人　パナソニック教育財団）』では次のように述べています。

家庭や教育現場における人間関係の乱れ、

公的機関や企業における不祥事、そして心の凍りつくような残虐な事件の発生など、いずれも日本人の精神の衰退、かつて日本人がもっていたはずの倫理性の喪失を示す兆候ではないでしょうか。物質的な豊かさにともなう心の世界の空洞化が、危機的な様相を呈しているというほかはありません。なぜ、そのようなことになったのか。むろん原因はいろいろ考えられるでしょう。だが第一に見過ごすことのできないのが、やはり教育の問題だったのではないでしょうか。戦後の教育の歩みをふり返るとわかりますが、そこではつねに知識の習得に力点がおかれ、科学技術と経済社会の進展を重視する方策がとられてきました。むろんそのこと自体は至極当然の選択でしたが、しかしそのため文化、芸術、宗教などの問題が周縁的な扱いしかうけてこなかったことも否定することができません。その結果、人間の精神性と倫理感を育む「心の教育」がおろそかにされてきたのだと思います。（引用元：http://www.kokoro-forum.jp/about/roots.php）

滋賀県大津市中2いじめ自殺事件、群馬県桐生市小学生いじめ自殺事件、兵庫県滝川高校いじめ自殺事件、神奈川県川崎市中1男子殺害事件といった社会を震撼させる「いじめによる事件」がよく起こっています。小学生を対象とした事件も少なくありません。我々の子どもの周りではそんなことは起きないと言いきれない状況です。

このようなことがこれからの未来で起こらないように、こうしたことから回避できる力を、子どもの頃から育む必要性が高まっていると、夢の学舎では認識しています。

心を育むためには、個々の能力、たとえば生き物が好きであることやロボットに興味があることや算数が得意であるといったことを磨いたりということに加え、上下関係を理解したり、人との関わり方を学んだりといった体験が大切になってきます。その体験いわゆる非認知能力を育むものであり、子どもたちの生きる基盤になるものと考えています。

ここからは、子どもたちの心を育む活動として、平成28年4月に開設された小規模保育施設の赤ちゃんたちとの交流を題材に学舎の子どもたちの育ちを取り上げることとします。

クオーレの赤ちゃんたちとの交流

クオーレとは、0~2歳までの子どもたちが通う小規模保育施設です。この保育施設に通う赤ちゃんたちの多くは、まだ言葉を使ってコミュニケーションをとることはできません。話すことができても片言ですのでコミュニケーションの成立というわけにはいきません。

この交流では、学舎の子どもたちに二つのミッションが与えられました。

一つは、少し歳が上のお兄さん・お姉さんとして、2歳の子に何ができるのかというこ

と
二つめは、意思疎通が難しい低年齢児に保育所の先生はどのようにして接しているのかを考えてみること、です。

自分たちができることはなにか

はじめに、クオーレの子どもたちにしてあげられることは何かを、子どもたちは考えました。自分たちがクオーレの赤ちゃんたちと同じ年齢の頃、好きだったことや何をしてもらっていたのかを先生と思い出しながら話し合っていきました。

「小さい子にみんながしてあげられることって何だと思う?」

と先生に問われると、

「子どもって、おもちゃが好きだから、おもちゃ遊びとかいいんじゃないかな」

「いっしょに遊んであげる」

と反応がありました。先生が0歳~2歳児は興味が他の事に移りやすいこと、集中力が長続きしないということを教えてあげ、子どもたちは今回の交流でさまざまなものを用意することにしました。

①いっしょに電車ごっこで遊ぶためのおもちゃとして、ダンボールで電車を作る
②赤ちゃんたちが見てわかるように絵が多い大きな本の読み聞かせ
③簡単な運動遊び

です。

電車はダンボールに自分たちで絵を描きま

した。読み聞かせは先生から大きな絵本を借りてきて、クオーレの子どもたちがいることを実際に想定して練習をしました。運動遊びはクオーレの子といっしょにできる運動遊びということで、自分の膝の上に乗ってもらい手を取って楽しくできるようにしました。

夢の学舎の子どもたちが活動を通して気づき、感じたことは、次のようなことだったと先生方は振り返っています。

①電車作りでは、ダンボールや絵の具など準備のためにあまりコストをかけず、身の回りの資源をうまく活用していた。ダンボールの電車は人にあげるものなので、丁寧に色を塗り、相手がもらってうれしくなるようにと心がけていた。

②何か活動する際には、誰かの協力なしにはできないということを感じていた。交流も、交流先という相手がいなければ成立しないという当たり前のことに気づくことができた。

③読み聞かせでは、クオーレの子は文字が読めないので、聞かせつつ、ただ読むだけでなく、本に出てきた絵は何なのかを教えてあげながら読むことの必要性に気づいた。

④赤ちゃんたちの立場になることで、相手のことを考える気持ちを学ぶことができた。

7歳のジョブ体験

クオーレの赤ちゃんたちのために、夢の学舎の子どもたちは、毎日ダンボール電車の色塗りや読み聞かせの練習などをして、頑張って準備をしてきました。当日はクオーレの先生たちもその場にいましたが、口を出すこともなく、裏方役を務めてくれたので、この日は、「7歳の小学生が保育園の先生」となったわけです。

朝、挨拶の時間にクオーレの赤ちゃんたちと夢の学舎の小学生が対面しました。いつもとは違う人たちがたくさん来て、いつもと違った様子にクオーレの赤ちゃんたちは果たしてどんな反応をするのか緊張の一瞬となりました。赤ちゃんたちは、意外にも誰一人として泣きません。クオーレの先生から、「今日一日みんなの先生となってくれる夢の学舎のみなさんです」と紹介され、子どもたちは少し照れながら保育園の先生を開始することになりました。

活動が始まり、初めて会う夢の学舎の子どもたちを見て、赤ちゃんたちが泣き出してしまうのではないかと一抹の不安がありましたが、良い意味で私たちの予想は裏切られました。赤ちゃんたちを含め全ての子どもたちが、楽しそうに喜んで遊んでいるのです。年齢の近い子ども同士、大人にはわからない何か相通ずるところがあったのでしょうか…。

夢の学舎の子ども、〝7歳の先生〟たちが準備してきたこと以外に、プール活動・外遊び・昼食の補助・トイレへ連れて行ったりもしました。プール活動と外遊びでは、自ら率先して、クオーレの赤ちゃんたちの手をとり、一緒に歩いてあげたり、小さなジョウロを持って水をかけて遊んだりと、大人が介在しなくとも、自然と交流している姿がそこにはありました。電車ごっこや本の読み聞かせを一緒に行い、上手に赤ちゃんたちを楽しませることができました。なによりも赤ちゃんたちに受け入れられてもらえたことで、〝7歳の先生〟たちは自信を持つことができたようでした。

また、普段トイレに行くことを嫌がる赤ちゃんも、人が変わったようにトイレを済ませるなど、赤ちゃんたちにも変化が見られました。自分たちに声を何度もかけてくれ、見守っていてくれたことから信頼が生まれたと同時に自分たちより少し大きいくらいの先生を友だちのように感じたのでしょう。

食事面でも、普段は野菜を食べようとしない赤ちゃんに、上手に声をかけて食べさせるのです。これらの活動中、クオーレの先生たちがしたことと言えば、怪我をしないように見守るということでしたので、本当の先生たちも驚きを隠せない様子で「7歳の先生たち」をこう評価していました。

「いままでのどんな時よりも、赤ちゃんたちがお利口さんでした。本当にびっくりです」

「正直、小学生にここまでできるとは思っていませんでした」

「最初はどうなるのかすごく心配だったけど、始まってみたらすごく助かりました」

「7歳の先生」の一人に、低年齢児とのかかわり方をどこで覚えたのかを聞いてみると、妹がいるから、いつもやっているのだという返事でした。家庭での経験を、自分なりに考えて、応用して活動していたというわけです。

「7歳の先生」を体験したことで、夢の学舎の子どもたちは赤ちゃんの面倒を見るとはどういうことか、ということを身体を使って学んでいました。自分よりも小さな存在の面倒を見るということは非常に神経を使います。少し目を離したら、どこかへ行ってしまっていたり、口に物を入れてしまったりします。

どうしたらよいのか？

クオーレの先生から、赤ちゃんたちを見守るにあたって気をつけることは、原因を先に除去することだと教えてもらい、納得していました。外で遊ぶのであれば、先に石を片付けたり、門を閉めたりといったことです。

子どもたちがリアライズしたこと

夢の学舎では、子どもたちが一日を振り返り、その日にあった一番の思い出を専用の用紙に自分の言葉で表現します。クオーレとの交流活動について、子どもたちはどのように「じぶん新聞」に表現したのでしょうか。どんなことをリアライズできたのでしょうか。

リアライズとは気づく、思うといった意味

です。「じぶん新聞」には、こんなことが書かれていました。

『今日、クオーレに行きました。いちばんべんきょうになったのはめんどうをみることです。保育園の先生にしつもんして学べたことは、そとにでるときにきけんがないようにきをつけることです』

『ぼくがつくったでんしゃであそんで、うれしそうでぼくもうれしかったです』

『わたしはせんせいになったつもりでやりました』

『はじめてあかちゃんをベビーカーにのせたのできんちょうしたけど、やさしくできてきもちよかったです』

『クオーレはふじゆうなこもいるほいくえんです。そのこもよろこんでいました』

『ほいくえんのせんせいはとてもいいしごとだとおもいました』


今回の活動を通して「相手を思いやる気持ち」ということが、子どもたちの中心にあったことは間違いありません。もちろん、単純に、準備する楽しさや、先生の立場を疑似体験してみたいという半ば好奇心も子どもたちは持っていたと思います。

夢の学舎の子どもたちは、自らが育まれた幼稚園のコンセプト「〝IMAGUATION〟」という――子どもたちの想像力を育む」ということを発展的に実践し、相手の気持ちや感じることを思い描き、考えたりすること、あるいは誰かの役にたつことの喜びということをリアライズし、それを表現することができました。
（アフタースクール夢の学舎講師　山村　悟）

Part 6

多様性の実現に向けた人材育成の〝カギ〟

人材の育成は、福祉の現場における重要な課題だ。藹藹会では、学校法人のまこと幼稚園や保育園のハートフルナーサリー、障がい者支援施設のハートフィールドとの多様な交流によって、子どもたちだけでなく各施設の職員の連携を深め、各自の職能をより高めていこうという取り組みを実践している。

交流活動を通じた人材育成

高村　今回は、人材の育成をテーマにお話をうかがいます。先日、まこと幼稚園と保育施設クオーレとの交流会が行われましたが、障がい者支援施設との交流活動もされていますね。こうした活動にはどのような狙いがあるのでしょうか。

山村　こうした交流会の狙いのひとつに、職員の普段の生活に何らかの刺激を与えることで、少しでもステップアップして欲しいということがあります。たとえばクオーレでいえば、いつも0歳~2歳のお子さんが生活をしているゆったりとした場ですが、そこから外に一歩出ていく時には先生方もさまざまな準備をしなければいけない。特に障がいをお持ちのお子さんも一緒に行くとなると、より多くのことを想定しながら考えていく必要が出てきます。それが、先生方にとってのトレーニングにもなると思うのです。

一方で幼稚園の子どもたちは、赤ちゃんたちに対してどんな交流活動をしようか、皆より小さな子どもたちと一緒に楽しく遊んであげるには、どうしたらいいのかなど、色々なことを考えながらその日を迎えます。でも、子どもは言葉には表せないかもしれませんが、先生方がそれぞれの子どもたちの表情を見て何か気づいたり、感じたりしているはずです。それをまた自分たちの職場に、日常の生活に戻った時に活かしていければいいなと思っています。

高村　楽しいイメージの交流会ですが、裏側にはそれぞれ職員の皆さんの学びだったり気づきというのがあるわけですね。

山村　ただやるだけではなく、教育の場ですから何らかのリアライズされる部分というのが必要だと思います。先生同士でコミニュケーションをとったことで、連携も深まったはずですから、より良く素晴らしい教育実践をしていかなければ、と思ってもらえることを願っています。

高村　これまで、まこと幼稚園とクオーレだけではなくて、ハートフィールドといった藹藹会全体での交流を続けてこられましたが、人材育成という面ではかなり手応えがありますか?

山村　ある意味で教育と福祉は異業種です。そして、教育と介護というのはもっと異業種です。ですから、この異業種間のやり取りともいえる交流というのは、二つの軸を自分の中に持つことになると思います。つまり、自分たちのいつもやっている仕事がひとつの軸であり、それとはまた別の軸を持つということが、自分のものの見方や考え方を広めたり、深めることに必ずつながると思うのです。

高村アナウンサーの視点

年齢も環境も違うお子さんたちによる楽しいイメージの交流会ですが、職員の皆さんの人材育成という部分ではかなり手応えがあるようでした。さらに、クオーレと同敷地内には障がい者のグループホーム「アネーロ」も併設されており、小さな子どもたちとの交流は入居者の皆さんや職員の方々にも多くの刺激を与えているようです。次のページではまこと幼稚園の先生が交流会の準備を振り返ります。

ハートフィールドと幼稚園、保育施設との交流行事は職員たちに対しても刺激を生むといった意味で人材育成に寄与している。

リアライズされたインタラクティブの大切さ

対話が安心感を生み出す

クオーレとの交流活動は職員同士で話し合うことにより、活動のイメージを共有でき、安心感を持つことができました。実践の現場では、この安心感を得て活動に臨むということは、ある意味で希なことだと思います。

なぜなら、日常はクラスの担任として自ら計画をし実践し、評価するというプロセスにおいて、自己内対話が多いからです。

今回、クオーレの交流会が決まった時、とにかく子どもたちができるだけ関わり合えるような活動を…と思い、進めていきました。今まで保育園との交流、藹藹会との交流を行ってきて、今回もゲームを取り入れた活動はどうか、と考えていました。そこで、夏休み中、クオーレの子どもたちのことを深く知ることができるよう、訪問してみました。ところが、自分の想像していたこととは全く違う姿に驚きました。私は、3歳児クラスから担任を持たせていただきましたが、1、2歳の子どもたちの姿を見て、自分がまだまだ知識が足りなかったと、改めて実感させられました。クオーレの子どもたちは、職員と一緒に手を叩いて笑っていたり、ダンスでも無邪気に飛び跳ねたりと、思いおもいの活動でした。そこにはルールや約束事などの縛りはなく、幼稚園とはまた違った環境でした。しかし、笑顔で楽しく活動する、という職員の想いは幼稚園とも重なるものがありました。それを見た時、そこを第一に考え取り組んでいこうと、交流会への道筋ができたと感じていました。

子どもの言葉にリアライズしたこと

その後、クラスで交流会の話をし、招待状の作成に取りかかりました。すると、「女の子だったら、ピンクのかわいい招待状にしてあげたいな」、「男の子は紫とか、青がいいんじゃない？」そんな会話が聞こえてきました。クオーレの子どもたちを想いながら、招待状の色塗りをしました。そこで、子どもたちにクオーレの様子を話しました。『夏休み中に、お友だちに会ってきたんだよ』『みんなと会えるのをとても楽しみにしていたよ』『みんなにこにこしていたよ』、そんな話をしました。また、クオーレの子どもたちの中には…と、車いすの子もいる、と実情を伝えると、子どもたちは真剣な眼差しで聞いていました。しかし、一人の男の子が口を開きました。「藹藹会にもいたよね。でも、ぼくたちと上手にお話してくれたよ。だからきっと、そのお友だちもみんなと一緒だよね」その言葉を聞いた時、私自身がハッとしました。私は子どもたちに「みんなと違う子がいるよ」と、無意識に伝えようとしていたのかも知れない。その時、子どもたちに気付かされ「そうだよね、みんなと変わらない。ダンスやお歌も、みんなと一緒に楽しく遊びたいんだって!!」と、伝えました。

そして、クオーレを訪問し、招待状を渡す日がやってきました。子どもたちはとても楽しみにしていたようです。私自身は、子どもたちがどういう感情を持ったのか、クオーレの職員とどのような会話をし、どのようなことを想うのか考えてみました。子どもたちはきっと「これは何だろう?」「あれは何だろう?」と、初めてのことにわくわくし、目を輝かせながら終始楽しむだろう、と。実際に訪問してみると、クオーレの子どもたちの様子を、子どもたちはこんな風に話していました。「上手にスーってできないんだって」「あれは、あの子にとっては、すごく大切な物なんだね」きっと子どもたちなりに考え、訪問してきたのだと思います。年齢が異なる子、障がいを抱える子、分け隔てなく関わり合えるよう、このような多くの機会をたくさん作っていく必要性を感じました。

交流活動の原点とは

当日を迎えてみると、子どもたちの姿は、予想していなかったことが多々あり、自分の想像を上回ったこともありました。それにより、計画の変更が伴ったり、その場に応じた臨機応変な対応が必要でした。クオーレの子どもたちの人数も当日少なく、関わりの仕方を変えることもしました。計画通りにいかないのは当たり前であり、行事でもハプニングがあって盛り上がることもあります。どうなっても焦ることなく、前向きに切り替えていくことが、計画における柔軟性の一つだと感じました。

実際は『きっと子どもたちは緊張してしまうのだろう』という教師の不安をかき消し、とっても積極的に関わっていました。そして第一に、クオーレの子どもたちのことをもっと知ろう、という姿勢が見られたことに、私もうれしくなりました。これこそが交流の意味であり、原点なのだと。

初めて計画することに臆病になっていると、さまざまなアイデアや先に起こるであろう事柄が見えてこなかったり、子どもたちの純粋な言葉を聞き逃してしまったりするので、先を見据えた上で、計画を立てていくことの大切さがわかりました。

どんな形で進めていくか、未知の状態で始まった交流会でしたが、クオーレの山本先生と活動の内容や子どもたち同士での関わり方（どこまで手を差し伸べてもいいのか）、お互いの保育の中で活動に取り入れている歌やダンスの情報交換と、何週間も前から打ち合わせを重ねていきました。

対話を通して自分自身も見通しができ、イメージを持つことができました。この気づきは今後の保育に生かせると確信しています。

（学校法人金子学園まこと幼稚園学年主任

白山　葵）

身体障がい者グループホームアネーロのそばにある風景

(1)二つの超レアな事業所

宇都宮市はもちろん栃木県内でも珍しい二つの事業所が同敷地内に同時オープンしたことは、藹藹会の職員である私たちにとっても大変驚く出来事でした。小規模保育事業所クオーレは12名の定員で0歳から2歳児を受け入れますが、内6名は障がいを持った未就学児を受け入れるという話を聞き、かなりの衝撃を受けました。

今までは、障がいを持った未就学児は児童発達支援の事業所に行くか、家族が面倒を見るかの二つの選択肢が主でした。家族が面倒を見る場合はもちろんですが児童発達支援事業所に預けるにしても、肢体不自由児は基本的に母子通園となり、お母さんは働きたくても働けない状況にありました。

今回宇都宮市で初の小規模保育事業となるクオーレの誕生により、そのようなお母さんにとってだけでなく、今後障がい児を育てていくお母さんたちにとって、働きながら子育てをできるという選択肢が生まれたのだと思います。またクオーレの開設は障がい児者の支援機関の間でとても話題になりました。ある施設の相談員さんは、「健常児のお子さんと障がいを持った未就学児が一緒に保育を受けるという事業所は今までに聞いたことがない。小さなうちから関わることで、その子の育つ様子をみることができるのがすばらしい」と言っていました。このように、高い注目の中でクオーレが開設されたのです。

グループホームアネーロはバリアフリーにこだわり、車椅子の障がい者が広々と、そして快適に暮らせるように設計されています。県内には約150カ所のグループホームがありますが、そのほとんどが知的障がい者または精神障がい者を主たる利用者としている中で、身体障がい者を主たる利用者とするグループホームは超レアです。個室や廊下、リビングは入居者全員が車椅子でも全く圧迫感がなく安全に暮らせる広さと安全性があります。また、トイレは最新のバリアフリートイレ、浴室には移乗用のリフトが設置されていて入居だけでなく支援員も楽に支援ができる配慮がされています。

アネーロを見学された障がい者のお母さんたちも「身障に特化したグループホームを初めて見学してみて親亡き後の選択肢が増え、心強く感じました」と言ってくれました。今後、施設ではなく、地域で暮らしていきたいという障がい者や家族にとってグループホームという選択肢が定着していくのだと思います。

⑵クオーレのコア（隣人の目から）

小規模保育所クオーレのコアとなるのは、保育士、理学療法士、調理員などの先生方だと思います。クオーレの先生方の保育や療育は、利用されている園児やそのご家族だけではなく私たちアネーロの職員をも元気にしてくれる力があります。あの明るい笑顔、元気な挨拶、丁寧な対応はアネーロや施設本体の職員も見習わなくてはなりません。また、団結力においてはもう何年も同じメンバーでやってきたのではないかと思うほどのものがあります。７月下旬に行われた夏祭りは、アットホームで一体感のある雰囲気を作り出し、園児やご家族だけではなく私たちアネーロの入居者さん、職員、地域住民の方も参加できる大変有意義なお祭りで、大成功をおさめました。自分の子（赤ちゃん）がいたらお世話になりたいと思う保育軍団です。そしてその軍団を束ねているのが佐藤園長です。園長は福祉畑50年の大ベテランです。園長は毎朝クオーレに出勤する前にグループホームに立ち寄り入居者の様子をみてくれます。アネーロの職員はとても心強く思っています。

⑶同敷地に建つ意味

この二つの事業所が同敷地内のあることでの相乗効果が生まれています。アネーロの入居者は月曜日から金曜日まで生活介護事業所のデイサービスカーによって送迎してもらい事業所に行きますが、毎日クォーレの子どもたちが見送ってくれます。入居者さんはそれがとてもうれしく、「今日もがんばるぞ」という気持ちになるそうです。また、なかなか送迎車が来ないときは、園児や保育士さんと話をしにいきます。小さな子と話しをしたり握手をして触れ合っていることで元気をもらえるようです。園児さんは、車椅子の利用者さんと触れ合うことで、世の中に障がいを持つ方がいることが普通のことだと認識できるようになると思います。

入居者さんや障がい児を持ったご家族の声

アネーロの入居者は、先天的に障がいを持った方が3名、脳出血などの病気によって障がいを持った方（中途障がい者）が3名入居しています。先天的に障がいを持った方のお母さまからクォーレに対し「自分が子育てしていた頃では考えられない。仕事をしながらでも障がいを持った子を育てられるなんて、このような保育所があったらどんなに助かっただろうか」との声をいただきました。また現在、特別支援学校小学部に通うお子さんを持つお母さまからも「もう少し早く（自分の子が未就学だった頃）にクォーレがあったらぜひ利用したかったです。児童発達への通所は母子通園だったので心身ともに大変でした」と話してくれました。

中途障がい者の方たちは、受障するまで、私たち健常者と同じ生活をしていて突然事故や病気によって障がい者になりました。アネーロに入居しているAさんは「自分の障がいや状況を理解するのに3年くらいかかりました。小さな子どももいたので辛かったです」と話してくれました。クオーレの子どもたちがプールで遊んでいる姿を見たり、触れ合ったりすると自分の息子の小さかった頃のことを思い出して、懐かしくなります。子どもたちに毎日会うことで、元気や勇気をもらい、障がいなんかに負けないぞという気持ちになるんです」と話してくれました。このように、アネーロの入居者さんや職員はクオーレの園児の皆さんからたくさんの元気をもらって生活しているのです。

(4) Captain of the aiaikai

この二つの事業所は、社会福祉法人藹藹会の山村理事長が考える「教育と福祉の融合」を形にしたものだと思っています。まこと幼稚園の園長でもある山村理事長は教育者の立場から福祉を見つめ、従来の福祉業界にはないような考えや手法で藹藹会を導いてくれました。

たとえば長期休暇中の障がい児をお預かりする「サマースクール」「スプリングスクール」、特別支援学校に迎えに行き、ご家族が迎えに来るまでお預かりする「Fun Field（放課後預かり）」は、あちこちで行われている放課後等デイサービスのさきがけではないかと思っています。また、まこと幼稚園や保育園との交流、地元学校との交流は、他施設がまだ意欲的ではない頃から進んで行うように指示されました。現在では他施設でも子どもたちと障がいを持つ方やお年寄りとの触れ合いや交流が行われており、理事長の先見の明が確かなのだと思わされました。

私たちや周囲の方々が驚いたアネーロとクオーレの設置も、理事長にとって必然だったのだと思います。

（社会福祉法人藹藹会相談支援センター長
樋口文男）

同じ敷地にいるからこそ、クオーレの園児とアネーロの入所者の間には自然な触れ合いが生まれている

Part 7

多様性が実現された時に必要な力とは

多様性の実現には相応の覚悟が必要である。感情に流される社会にその覚悟はあるのだろうか。健やかなる知性を育むことのできる社会を目指さなければならない。

保育や介護現場における人材確保と育成

高村　今回は保育や介護の現場における「人材確保と育成」がテーマです。課題として福祉の現場では常に人材不足ということが言われていますが、実際に現場はどのような状況なのでしょうか。

山村　人材に関しては育成以前の段階、つまり採用に関してはどこの施設や保育所、企業も含めて人手不足の問題が非常に大きな課題です。その背景としては、特に介護の職業の多くは勤務がシフト制になっていますから、いわゆるワークライフバランスという面で、非常に難しくなっているところがあると思います。また、福祉の世界に関心があっても介護技術が自分にはないから、という理由がネックになっているケースもあるように思います。もちろん福祉の現場にもロボットが入ってきて、人手不足を補える部分もあるかもしれません。でも、やはり福祉の世界というのは人が人に対して接していくものです。これは間違いなくどんなに年数が経ったとしても、人を外していくことはできないでしょう。

高村　実際には保育や介護職において、必要とされる能力や資質というものはあるのですか？

山村　まずは利用者さんと同じ方向を向いていけるか、ということだと思います。よく「聞く」というと相手と向かい合って「聞く」という感じがしますが、そうではなく、お互いに前を向いた時に同じ方向を見られるかどうか、というのが、相手のことを思いやることにつながります。言いかえるならば、相手の話を聞いてそれを想像できるかどうか、相手の気持ちを想像していくことができるということが、一番大切ではないかと思うのです。

「想像する力」とか「言葉」ということの二つの能力は、人間が人間である所以であり、最も大事な特性だと思います。誰もが持っているものですから、そういう場面があれば発揮できると思うのです。介護の技術や教育や保育の指導力というのはもちろん必要ではありますが、自らを向上させようとする力、それは批判的思考力であり、コミュニケーション力、協働のための相手を理解しようとする態度などを意識していることが大切と思います。

高村　保育や介護は誰にとっても人ごとではありません。どうしたら従事する人が増えるでしょうか。

山村　ご家族でできない部分を肩代わりすることが福祉施設の役割ですから、こうした職場で働く人たちに対する応援というものが必要だと感じています。それはもちろん報酬の面も含めての評価になるでしょう。また、介護している人たちというのは、日々の生活の中でさまざまな感性を揺らがせながら仕事しています。それに対して感謝やねぎらいの言葉であったり、寛容さとか感謝の念といった価値観を、もう一度福祉の世界に回復していければ、そこに踏み出そうという人が増えてくるかもしれないと信じています。

高村アナウンサーの視点

保育と介護は誰しも無縁ではありません。福祉の仕事における人材不足は決して人ごとではない課題ですが、一方で多様な障がい者に対する社会の理解と寛容さも必要です。福祉の世界で働く人を応援しようという社会を実現するにはどうしたらいいのか、次のページでは山村達夫先生が人材育成について考えます。

保育園から幼稚園の子どもたちと一緒に障がい者も舞台に登場し、音楽を奏でるJSBM コンサート。職員も一緒にこの日のために練習に取り組んできた。

多様性を実現するための人づくり

読者の皆さんは、福祉の世界にどのくらい関心をお持ちでしょうか？

私たちが身近に福祉ということをイメージする場合、すぐに思いつくのは保育や介護だと思います。保育ということでいえば、ご自分のお子さんがその対象の時期には、もちろん関心があったと思いますが、その時期を通り過ぎ、あんなことがあったなあと、懐かしく振り返るくらいでしょうか。ご自分のお子さん以外のことになると、就学前教育が社会問題として存在していること、それを俯瞰して問題を捉えてみること、それらが自分自身の今後にどのような影響を及ぼすのかといったことに、あまり関心を払わなくなるのかもしれません。

また、介護ということでいえば、身近にお年寄りや障がいを抱える方がいれば、身につまされることかもしれませんが、若い人たちや障がい児者との接点がなければ、そうしたことに関心が向かないかもしれません。蛇足かもしれませんが、誰でもいずれはお年寄りになります。ところが、障がいの世界というのは、誰一人として自分の意思に基づくことなく障がいを抱え、場合によっては若い頃からその状況を受け入れているということを頭の隅に置いておいていただければと思います。

人が人に接することによって成り立つ営みを考える前に、たとえば、ロボットのような機械が赤ちゃんを保育する世界を想像してみてください。人が人として赤ちゃんをあやしたりする姿に比べると明らかな違いに気づくことができると思います。人と人とが関わる中での温かみや穏やかさ、そうした雰囲気に包まれながら育まれることを求めるのではないでしょうか。それが自然なことだと思います。高齢者や障がい児者の支援でも同様だと思います。

いくら人工知能が発達し、あらゆるものがインターネットにつながる時代がやってきたとしても、不変の営みとして人が人と接するサービスというのはあり続けるということです。ここに「人づくり」が大切な理由があります。

この「人づくり」には二つのことがあります。一つは、21世紀を担う子どもたちを育てるということです。もう一つは、その子どもたちを指導し育むことのできる良質の教員や保育士を育成するということです。

介護の世界でいえば、障がいや高齢という条件の下で、豊かな人生を送れるような良質の支援を行う人材の育成ということです。「人づくり」に関心を払わずして、その代償は自らに降りかかってくることも考えておくべきです。

ここでは本書が問う、多様性の実現と個の成長が人生を魅力あるものとする可能性を議論するために、現状やその背景などの枠組みを読者の皆さんに持っていただきたく、以下の七つの話題を簡単にとりあげてみたいと思います。

1 日本がもつ最高の資源は「人づくり」にあるということ
2 なぜ福祉の業界に人が集まらないのか
3 話す、聞くというコミュニケーション能力の欠如
4 少子化や人口減少の中で施設を増やせばよいのか
5 保育士確保のために現金が飛びまわっているというおかしな現象
6 人を増やせば「質」を高めることができるのか
7 いま社会が育むべき「人」とは

日本がもつ最高の資源は「人づくり」にあるということ

私たちが生まれ、育ち、活動するこの日本社会は、経済、教育、労働という三つの歯車

がうまくかみ合っていかなければ成り立ちません。経済を支える労働力、そして健全な働き手を育てる教育、人づくりに投資できる国の財力というバランスが重要になります。資源の乏しい日本にとって残されているのは、「人」です。

Citizenship（個人の市民性、共同社会性）の獲得に向け、保育、幼児教育や初等教育、中等教育の果たすべき役割は非常に大きいと考えます。なにせ21世紀の日本を背負っていく人たちを育てていくのですから。とりわけ大切なのが、幼児期の教育だと思います。人生の基盤を培う時期だからです。

ジェームズ・J・ヘックマンが指摘したように、将来を考えればこそ、就学前の幼児教育という形に公的投資をすることが、非常に収益率が高いということは注目に値します。

ところで、現在、日本における成人の職業訓練に要している費用とは、どれくらいあるでしょうか。平成29年度厚生労働省は若者の就職・職業能力開発の推進に１４０億円（うち特別会計１２６億円）の概算要求を行っていることを考えると、公的投資先を真剣に考えるべきではないでしょうか。ヘックマンが言うように、「保育の提供が幼児期の教育プログラムの利益の一つであり、保育を提供することによって、母親が働いたり教育を受けたりキャリアを向上させたりする自由を得る。ただし、保育の質が重要である」という指摘は、現在の日本社会をイメージしているのかとさえ思います。

ところで、この「人」への投資、「人」という資源の重要性に対して世論の理解が広まりをみせているのでしょうか。あるいは深まっているのか、そう問題を設定したとき、暗澹たる気分になります。

子育てを終えて一段落した人たちは、自分の生活環境を優先するし、自分が子どもとして育ち、今があることを忘れてしまっています。このような風潮がじわじわと形成され、子育て環境は、むしろ厳しくなっているようにさえ感じられます。

かつての日本ほど、子どもを大切にしていた国はない。あるいは、子どもが育つ環境が保障されていると言われた世界は、いまや消え失せようとしているのでしょうか。

報道によれば、厚生労働省が発表した平成27年の人口動態統計では、出生率が1・46に回復したという明るい兆しが見られるものの、出産の中心となる15~49歳の女性人口が減少しているため、少子化を改善するには厳しい状況が続く見込みです。

また、平成28年5月に実施された日本世論調査会の全国面接世論調査の結果では、社会保障制度で充実すべき分野として、子育て支援などの少子化対策を挙げる人が若年層において63%に上ったことが報じられています。ところが40歳以上の中高年層では、年金との回答が一番多く、世代による問題意識の違いが浮かび上がっています。中高年層の人たちが年金に問題意識を持つのも理解できることではありますが、日本の未来を考え、「人づくり」を支えていくという意識が広まることを期待したいと思います。

なぜ福祉の業界に人が集まらないのか

ところで、なぜ福祉の担い手である保育士・介護職に就こうとする人が少なくなったのでしょうか。

一昔前、幼稚園の先生や保育士という職業はなりたい職業のベスト5に入っていたと思いますが、いまや魅力のない職業になってしまったのでしょうか。働く環境がキツイ、待遇が悪い、そうしたネガティブな面がクローズアップされていますが、本当にそうなのでしょうか。確かに、なんにもせず一日安全に子どもや利用者の方をお預かりするのも大変なことですが、それだけで「人づくり」に携わっている充実感や誇りを得ることはできません。子どもたちが喜ぶ姿を想像し、準備を行うプロセスを経てさまざまな行事などを行ったときこそ、子どもと一緒に感動できるのです。ここに人を育てる職業のだいご味があるはずです。

こうした「楽しみながら」努力している姿はどのように評価されることが望ましいので

しょうか。もちろん報酬面もあるかもしれませんが、私は、「信頼」「感謝」「寛容さ」の三つの価値観を実感できることが大切なように思います。

ところが、福祉の現場を担う人材不足という現状は、この三つの価値観が、社会の変化と共に実践の現場から失われたことにあるのではないかと思います。働いている人にとって、働く中で揺れ動く感性への報酬が得られないことが、働き甲斐の喪失へと向かわせているのではないかということです。

次に、実践の現場という枠組みで内側から考えてみたいと思います。

教育や福祉の世界は、めまぐるしく変化しています。それにともない、制度上の変更もあり、それらに対応していかなければなりません。とりわけ保育や教育の世界は、経済界の動向に左右される傾向があります。今後、小学生から英語やプログラミング学習などが導入されることが報じられています。これらも経済界の動きに連動しています。もちろん、各国との競争社会で生き抜くために必要なスキルと思いますが、まずは日本語や日本文化についての理解を深め、日本国民としての誇りを持たせることが必要なのではないかと、私自身は考えています。外国で多くの人と対話する中で、自国の古典や文化についての蘊蓄が語れないことほど惨めなことはないと、身に染みて感じているからです。これも外部からの影響による内部のわだかまりです。

ひとしきり話題となった「モンスターペアレンツ」、あるいは、教育サービス、福祉サービスという言葉に象徴されるように、子どもや利用者を媒介にまるで売り手と買い手のような風潮が、お金を払って子どもを預けているという「お客様意識」の出現につながったのではないでしょうか。こうした点も社会の変化に伴う内部環境における戸惑いです。

さらに、職員との価値観の共有ということが非常に難しくなっていると思います。「今の若いものは……」というレベルではなく、話して納得させることが難しくなっていると感じます。言葉に対する理解ができないこと、話の中に漂う感覚的なものから想像してみることをしないといったことです。これも日本語でのコミュニケーションができない顕著な例だと思います。

話す、聞くというコミュニケーション能力の欠如

最近の中高生は読解力が欠如していると言われますが、もう一つ、私は「聴解力」が決定的に不足していると感じています。それ故に自己中心的であり、聞く言葉を通して他者の考えや気持ちを配慮して、自分が少し我慢し、折り合いをつけていくということができなくなっているのではないかと感じています。

でも、このことは、社会の変化がそうさせ

てしまった、とも私は考えています。「話せばわかる」「聴く耳をもつ」という言葉がありますが、「説明を尽くす」「丁寧な説明」というようなあいまいな行政用語が先行し、社会そのものにこうした前提となる価値観が喪失されているのだと思います。

ある一つの目標に向かってみんなで協力し、協調し、組織としての調和を図り、前に進んでいこうとしても、まったく違う方向をぼやっと眺めているような人が増えてきたように感じるのは私だけでしょうか。こうしたことが、より内部環境を複雑にしています。この背景にもまた外部環境の変化、つまりなにを教育されてきたのか、どのようなプロセスを経て育ってきたのかといった要因が複雑に絡んでいます。

こうして振り返ってみると、気づかないうちに人間関係の構築力を持たない働き手が出現してきたように思います。自分中心の考え方しかできず、我慢強さや持続力の欠如、失敗を生かそうとするのではなく、そのまま落ち込んでしまう回復力のなさなど、その原因を探っていくと、社会の変化に呼応するかのように私たちが本来持つべき能力を失ってきているように感じます。いや、もしかしたら失わされているのかもしれません。

その一つのカギがいわゆるロボットです。これは、今後大きな力となるでしょう。けれども人工知能の開発やＩｏＴの進展が私たちの日常生活に及んできたとしても、人と人との関係性によって成り立つサービスというのは存在し続けると思います。

特にホスピタリティに関わる、保育や幼児教育、介護や看護といった部分に、人の力が必要であることに異論はないと思います。世論の雰囲気、つまり「信頼」「感謝」「寛容さ」の三つの価値観の回復をしないかぎり、こうした業界へ「人」が集まることは難しい、それほど大切な要因であると、私は考えています。

少子化や人口減少の中で施設を増やせばよいのか

少子高齢化あるいは人口減少社会の到来、生産労働人口の減少という未知の状況が押し迫ってきています。そこにどのような対応をしていくのかということについては、国レベル、地方レベル、幼稚園や保育所、企業レベルとそれぞれ温度差が生じているように思います。

高齢化が進むから高齢者施設を増設しよう、女性が子育てをしながら働きやすいように保育所を増やそう、幼稚園にも空きがあるから幼保の垣根を超えて、受け入れできる枠を増やし、待機児童を解消しよう、それが国レベルの話です。

本書では、国が示した多くの政策のうち、「子ども子育て支援新制度」について取り上げています。いわゆる現場である保育所や幼稚園、介護施設では（企業も同様かもしれませんが）人材不足という荒波のなかで、採用に関して大きな課題を抱えているのが現状です。施設は増えても人がいない、否、国の施策による新設の施設に人が流動化していくために、既存の施設が人手不足となるのかもしれませんが、とくに保育施設や介護施設では人手不足が深刻な状況にあるといって過言ではありません。

人づくりや人への支援が大切なのに、それらを直接担う人がいないというこの状況は、どのようにしたら改善できるのでしょうか。

社会や世論の要望に応えて国が施設を増やし、利用する人がいたとしても、働き手がいない、本当に施設を増設していくことが良いのでしょうか？今でさえ、地方では採用難にあえぎ、利用者の獲得に四苦八苦し、選ばれる施設づくりに奔走している状況があるのですから。

さらに、5年後10年後人口減少が進み、少子化に歯止めがかからず、利用者がいないのに施設数だけはあるという状況が生まれるかもしれません。この将来の状況を踏まえ、どのようにバランスをとっていくべきなのでしょうか。

私は、現在の「子ども子育て支援新制度」をテコに、新新制度をつくるべきだと考えています。それは、従来の保育所を0歳から2歳までの子どもを対象にし、良質な環境で育む。その運営費を確実に社会として保障する。保育所に通う3歳から5歳の子どもは、学校教育という枠に入れ幼稚園教育、プレスクールなど名前は後で考えることにして、21世紀を担う力の基盤（認知能力と非認知能力の基礎）を培い、幼稚園に対しても経営基盤の確立を社会として保障する。

おそらく、こうした取り組みに舵を切れれば、現在の待機児童問題はあっという間に解決できるはずです。箱モノをつくる方向ではなく、既存の施設を使うほうがはるかに効率的だと思います。

保育士確保のために現金が飛びまわっているというおかしな現象

「ウチの首都圏の保育園で働いてくれるなら入社時に10万円支給します。」（「迫真」日本経済新聞）保育士不足を補うために、企業が入社を決めた学生に支給しているという記事に驚きました。いよいよここまで来たか、という感じでしたが、記事の見出しには「保育士争奪　舞う現金」違和感を超えて不快感を覚えました。ある一線を越えてしまったという感じです。一見、待機児童問題などを解決しているかのように見えますが、長期的に見れば弊害をもたらすにちがいありません。

こうした行為は、これまで多くの社会福祉法人の皆さんや保育、介護に携わってきた皆さんが苦労を乗り越えながら創り上げてきた、子どもたちの未来を支援する側が持つべき「信頼」という価値観をいとも簡単に壊したとも言えます。こうした代償は、誰が引き受けることになるのか、それはまさに21世紀を担う子どもたちであると思います。
これも2000年代初期の構造改革、規制緩和による負の遺産かもしれません。経済学者のジョセフ・E・スティグリッツ（コロンビア大学教授）が指摘している通り「目指すべきは規制緩和などではない。議論すべきは、適切な規制とは何かということである。問題なのは、どんな規制が良い規制なのかというべきなのは、どんな規制が良い規制なのかということである。」（ジョセフ・E・スティグリッツ「TPPと規制緩和を問い直す」『kotoba』2013年夏号、集英社）というのは最もなことだと思います。

人を増やせば「質」を高めることができるのか

現在、「新制度」ができてから、就学前教育を担う施設の類型は大きく幼稚園、保育所、認定こども園、小規模保育所、企業内保育所となりました。認定こども園に至っては、幼稚園型、保育所型、幼保連携型と区分され、運営する側も利用する側も何がどうなのか、説明するのに苦労するほどです。

子ども子育て支援新制度について、内閣府が作成したリーフレットに、「新制度」実施にあたっての課題が3点記されています。
（1）親の働く状況の違いにかかわらず、質の高い幼児期の学校教育・保育を受けられる

（2）家庭や地域での子育て力の低下
（3）都市部を中心とする待機児童問題

いったい「質の高い」という場合の「質」とは何を示すのでしょうか。そしてその質が高いとはいったいどういうことなのでしょうか。

国は、職員の配置を手厚くすることを質の向上と捉えている感があります。数値で示せる事柄はわかりやすいし、子どもの指導や支援に関わる人の数が多ければ、教育や保育の質も高められるであろうという考え方も理解できます。子ども子育て支援新制度が根付くために、「質の高い幼児期の学校教育・保育」に携わる人たちの処遇改善はもちろん必要なことです。処遇改善には財源が伴います。国レベルとしては、先に述べた「人づくり」の大切さ、重要さについての世論形成がポイントとなります。

けれども、国がしばしば使う「人員加算」という手法は、あまり効果的でないように思います。なにかの資格を持っている人を一人採用すれば加算、というようなことではなく、今、現場で一生懸命に福祉や教育に取り組む人そのものに投資していくことのほうが大切なように感じます。

質の高さを保障するために「人」が最も大切な要因であることに間違いはありません。どんなに立派な建物であっても、そこにいる「人」の資質が悪ければ、子どもを育んでいくことなどできません。では、「人」が多ければいいのかといえば、そうとも言えません。0歳から1歳児20名に対し7名の職員が生活する環境と0~1歳児9名に対し3名の職員が生活する環境を比較してみると、職員配置の比率は同じでもその雰囲気はまったく異なります。

その意味では、12名程度の小規模保育事業というのは、「質の保障」という観点から、現場にいる職員が人間関係を構築していく観点からも極めて適切なサイズなのではないかと、私は考えています。この規模の良さは職員間での情報共有や刺激し合い、学び合いが非常に効果的に行えると実感しています。

福祉の現場、つまり保育や介護の職場において、一人ひとりの職員の視点に立ってみると、職場内での人間関係を構築する能力が極めて重要になります。いわゆる非認知能力です。非認知能力とは、一般的に忍耐力、協調性、計画力、やる気、リーダーシップなどがあげられますが、これらの能力が「場の雰囲気」に大きな影響を及ぼします。職員の人数が多くなればなるに従い、その中での人間関係を築き維持していくことを難しく感じる人が多くなっているように思います。このことは、特に若い人に顕著に表れているように感じます。「新人類」「ゆとり世代」というような話ではなく、社会の変化や教育の在り方に問題があるように思えてなりません。

今後は、人口減少社会に伴う労働力確保と、職場内における人間関係を円滑に保ちながら働きがいのある職場にしていくことを同時に達成していくための方策を考えなくてはなりません。

いま社会が育むべき「コト」とは

「子ども子育て支援新制度」という大きな改革は、小さな子どもたちの世界の話ではありますが、複雑で日本の将来をも揺るがしかねない大きな問題提起をしていることを理解しなくてはならないと思います。待機児童の問題ばかりにその焦点が集まり、子育てをする若いお母さんたちだけの問題のようにも見えますが、そんなことはありません。株価の行方も大事ですし、TPPのような問題も大事です。けれども、「人」が育たなければ、あるいは21世紀を担う子どもたちが良質な環境で育まれなければ、将来に出会うさまざまな問題を解決していくことはできません。とりわけ、人生において幸せな時間を送るためには、人工知能に助けてもらうのではなく、人と人とが支え合うことのできる社会の再構築を進めておかなければなりません。

人工知能と人との共存も多様性の実現と言えます。

多様性が実現されるというのは、異質性を隣人として明確に意識する場が身近にできるということです。そこでは、日本人としての誇りや矜持を持ちながら対話を重ねていくことのできる力が求められるということです。

日本の『宇治拾遺物語』の中に、山の中の

寺で修行する立派な僧が猟師に普賢菩薩を見ていかないかと誘う話があります。夜中寝ずに待っていると白い象に乗った普賢菩薩が現れ、僧は涙を流して菩薩を拝むのですが、猟師はこれを弓矢で射てしまうのです。猟師は、自分のような殺生ばかりしてきた者にも見えるのはおかしいと思って矢を放ったと言います。夜が明けて血の跡をたどると谷底に一匹の狸が矢を射たれて死んでいたという話です。

私たちは、真実だと思っていることが実は化かされていることに気づかないでいることがあります。健やかなる知性が育まれていないから、猟師のように弓矢を射ることをせずに、感情に流されながら社会で生活を送ってしまいます。

多様な○○とよく言われますが、本当に日本社会では多様性が実現されているのでしょうか。多様性が実現されるということは、そこに寛容さ、信頼という基本的価値観が共有されているはずです。同時にアイデンティティも安定しているはずです。そうでなければ多様性を維持することはできません。日本でいう「多様な○○」というのは、白い象に乗った普賢菩薩なのかもしれません。だから感情に流される社会が成り立つのではないかと思うのです。実態としての多様性に対応できる健やかな知性を社会は育んでいるのかと疑問に思います。

日本の歴史においては、異文化を同質化し

てきました。

けれども人口減少社会の到来は、同質性ということだけでは乗り越えていくことはできません。異質性という現実を受け入れていかなければならなくなる日がやってくると思います。そして、それは白い象に乗った普賢菩薩ではありません。では、それをどのように体験し、「健やかなる知性」へと導くことができるのでしょうか。

周縁領域における新しい価値観の創造

21世紀を担う子どもたちを育てるシゴトに携わる人たちをどう育むことができるのか、高齢化が確実に進む中で、保育や介護に携わる人たちをどう社会が育むのか、という喫緊の課題に真剣に向き合うことで見えてくる景色があると私は考えています。

その理由はPart2で記した通り、子どもの世界や人と人とが直接接する福祉の世界を多様性の実現という視点で眺めてみると、今後の日本社会における多様化へどう対応できるのかという試金石と捉えることができるように思うからです。

一月六日、読売新聞で国立情報学研究所の新井紀子氏が、AIの進展について語る中で「人が何に価値を見いだすのかを考えなければならない仕事は、AIに代替させるにはハードルが極めて高い。介護や子育てに関することが一番難しいでしょう」と述べています。

改めて研究するでもなく、私たちはこのことを経験から、あるいは概念実証の立場から理解できていることですが、ＡＩと人との共存だけでなく、多様な社会に対して本来リードすべき教育や福祉の世界の人たちが無関心過ぎていると思います。

余談になりますが、この原稿を書きながら気分転換に書店に足を運ぶと、エマニュエル・トッドの『問題は英国ではない、ＥＵなのだ』（文藝春秋・平成28年9月）という書籍が目に入りました。栞が挟んであるページをなにげなく開くと、そこには、多様性や教育という文字があります。著者の研究に対する姿勢が記述されていたのですが、「イギリス的な文化相対主義により世界の多様性を理解する一方で、歴史を見る際にはフランス的な普遍主義の見方をし、常に文化の違いを超えて人類に共通の『教育』の進展ということに注目する」というのです。

文化相対主義とは、他者に対して、自己とは異なった存在であることを容認することが基盤にある。社会における価値や文化において問われていないことを問い直し、対話を深め、他者に対する理解を目指す態度を言います。これにたいして、フランス的な普遍主義というのは、自由・平等・博愛に象徴されるようにこれらの価値を共通の基盤に国民の一体を求める立場です。

極端な表現かもしれませんが、まさに真っ向から対立する二つの軸と言ってよいのかもしれません。でもそうした二つの軸で世界の動きを見ているということです。このような見方をしなければ多様性への理解やその実現は難しいということを示唆された感じがします。

なにか異文化が入ってきたときには、なんらかの摩擦が起こるものですが、その際にどのような方針を取るのかを考えなければいけなくなります。全部認めるのか、という点でいえばイギリス的な文化相対主義とは全部認める立場になります。私も外国人を雇用した経験があるのですが、文化的な違いに戸惑うことが多くありました。最終的には、郷に入ったら郷に従うだろというようなことを言いましたが、文化的差異を埋めるには至らなかったと思います。異文化理解、異質な世界同士が理解しあうというのは、容易なことではないのです。

イギリスのＥＵ離脱は、英米ともに築き上げたはずのグローバリゼーションへの反発と同時に社会が無意識的にネイションへの回帰を望んでいるのかもしれません。アメリカにおけるトランプ次期大統領も国家としてのアメリカの再建を声高に叫んでします。これもグローバリゼーションへの反発と見えます。イギリス人と同様に、私たち日本人も自分たちのナショナルアイデンティティという感覚を持っていますが、いまはインターネットの進展によりグローバリゼーションの荒波に向かわせようとする動きに乗せられている気がします。

私たちは、人口減少社会という大きな流れのなかで、まずは、国内における国際化あるいは多様性の実現ということに着目すべきだと思います。なぜなら、日本社会では、同質性にこだわる文化が培われてきているからです。社会の多様性、世界標準である多様性ということに気づいていながら、国内における多様性の実現について目をつぶっているのではないかと思います。「総論賛成、各論反対」という言葉など、その象徴かもしれません。多様性を手段として考える前にそもそも多様性を実現することが前提にあるべきなのではないかと、私は考えています。多様性の実現ということにたいして寛容さを発揮し、学ぶ機会として得られるかが問題なのです。そのために、学校教育のみならず、さまざまな場面においての教育の質が問われるのだと思います。

Part2の冒頭でも触れていますが、これまで数度にわたって試みられ、その都度挫折した幼保一元化という課題が、子ども子育て支援新制度という形でいったん結実できたのはアイデンティティの不安定性という情動により突き動かされたのではないかと、私は考えています。そしてこのことは、日本社会への警鐘と捉えるべきではないかと思います。

本書で数多くふれた小規模保育施設における多様性の実現は、相対的に温和な世界で交流がなされ、さらには、それぞれの関係においても対話と緊張が均衡的に保たれながらコントロールされた姿であると思います。トッドが言うように、人々が抱く家族由来の価値観というのは、実はそれほど強固ではなく、学校や地域社会、あるいは職場のようなところで伝達される弱い価値観のほうが実は重要で、強いシステムが維持されるという主張も、裏付けられたのではないかと思います。小規模保育施設クオーレの成功要因は、「Cubic Management System により、弱い価値観が再構築され、しかも融合され、自らをコントロールする力を身につけた人たちが目的に向かっていったということです。

これらのことは、多様性が実現された世界を「地域」という単位で考えることで、体験する場、学びの場を成立させることができることを示唆しています。

もうひとつ余談を。ダン・ブラウンの『インフェルノ』（角川文庫・平成28年）は、世界の人口を適度に保つために遺伝子操作をモチーフにしています。現代の日本における人口減少社会の局面とは異なりますが、『インフェルノ』のエピローグに記されているように「危難の時代に無為でいることほど重い罪はない」という言葉を噛みしめるべきではないかと思うのです。

実は、私自身、人口減少社会ということに危機感を感じる一人ですが、それ以上に若い人たちが感情に流される社会を生きていることに注目しています。感情に流される社会では、アイデンティティの不安定さが増長される傾向があります。非常に穿った見方であることを承知の上で、現代の日本では意図的に、生きることや働くことに内向きな人づくりが行われているのではないかとさえ感じることがあります。内向きなというのは、自己の感情をコントロールすることができないということです。コントロールできるようになるためには、自己内対話―自分の感情や行為がどのように評価されるのかということをいろいろな観点から想像してみることで自身の好悪の感情を乗り越える―が必要となります。感情に流されず、多様な社会を生きるためには、物事の意味を理解し、批判的思考ができ、表現するという「二十一世紀型スキル」は不可欠だと思います。こうした訓練を教育の場で積み重ねておかなければ、相手の感情や行動を理解することができません。

自己の感情をコントロールすることができない人が増えていくとポピュリズム化を増長するのではないかと危惧します。同時に、社会における制度も迷走しつづけるのかもしれません。

もちろん、最低限の社会保障、セーフティーネットは用意されるべきだと思いますが、たとえば手厚い失業保険や企業におけるストレスチェックといったことは、度が過ぎた社会の制度のように思います。本来、人間の脳には原始的な自我防御機制が働き、脳が対処しきれないほどのストレスをもたらす事実に遭遇した時、その事実を否認し、異なる方向に気を向けることができます。

昔から「衣食足りて礼節を知る」という言葉がありますが、衣食を足らすのは、個人の努力、生きる上での論理としての自助の精神に依るべきことで、そうしたことをしっかりと社会が育むべきだと考えています。経済の発展は、もちろん大事なことですが、それ以上に「健やかなる知性」を持った人づくりに着目すべきだと思います。健やかなる知性、それはまさに「無為」でないということです。

そして、こうした自らをコントロールでき、かつ健やかな知性を身につけさせていくためには、「場」というものに対して、もうすこし、気を配るべきだと思います。


本書の「24の瞳が輝く場」というタイトルの「場」には、レヴィンが提唱した「場の理論」が包含されています。周知のとおり、人の行動はその人が置かれた「場」によって影響を受けるという考え方です。組織文化の醸成に着目しているということです。私自身は経験から組織文化の持つ価値観に個人のパフォーマンスが左右される。反対に場を形成する人の異動により組織文化が培ってきた価値観が揺るがされるとも考えています。だからこそ、組織における価値観、あるいはコンセプトが確固としてあり、それらを粘り強く維持していくことが必要だと考えています。

幸いに、小規模保育施設クオーレは、子どもにとっても、大人にとってもパフォーマンスが高まったと思っています。もっと大切なことは、この小さな、けれども私たちにとっては大きなシンボルであるこの施設が、他の関連施設の職員の意識や行動に変化をもたらしつつあるということです。

エデュケアライズグループにおけるそれぞれの施設や事業は、相互に関連していても別々のものです。そのことを尊重したうえで、地域の教育・福祉を総合的に、多面的に支えるという共通のコンセプトを支えあう形で一体となって結びついたことが組織全体のパフォーマンス向上に寄与しているのだと思います。その結びつきの求心力を小規模保育施設クオーレという「場」にもたせたところに意味があると考えています。

こうしたプロセスにおいて、政治学者ジェームズ・マクレガー・バーンズが、彼の著書「リーダーシップ」のなかで、「部下の無意識化にあるものを意識の表面に出すこと」の重要性を指摘していることを知りました(トム・ピーターズ／ロバート・ウォーターマン著　大前研一訳『エクセレントカンパニー・平成27年12月』)。

この点で、私たちが考えるCubic Management Systemにおける人間が持つ「4つの衝動」への着目は、あながち間違っていなかったと安堵しています。

結びに、本質的な問いをもう一度投げかけてみます。

それは、日本社会において多様性は本当に

実現されているのかという問いです。

　多様な人材、多様な働き方というのは、個人レベルの話題であり、必ずしも多様な社会が実現されているわけではないように感じます。日本社会の特質である同質性は温存されたままだからです。

　同質性の軸から異質性の軸へと転換された社会に向け、地域や学校、家庭という周縁領域での価値観の再構築が成されることが大切だと考えています。

（社会福祉法人藹藹会／学校法人金子学園理事長　山村達夫）

クオーレ職員座談会から

山本　純子先生、柴田ひさみ先生
石川亜季子先生、石川芽久美先生

■クオーレに関わるきっかけを教えてください。

山本：子どもが好きでこういう職業に関わりたいと思い、ここに来る前には3年間保育園に勤めていました。その時は臨時職員だったのですが、もっと正規職員として責任を持って働きたいという想いがずっとありました。そうしたら、たまたまクオーレの求人に出会い、「これ、やってみよう、チャレンジしてみようと」と思ってすぐに応募しました。障がいのある子どもとは、最初の職場で知的障がいを持つお子さんと接していました。その時、障がい児の保護者の方との関わりや次のステップへの移行などについても携わりました。

柴田：私は障がい児施設に5年いたのですが、母子分離のところと母子通園の施設の両方を経験しました。母子通園の施設は、お子さんを障がい児であることをやっと認められるようになったお母さん方の交流の場にもなっていて、みなさんにとって自分の居場所のような感じでした。ずっと引きこもっていたお母さんが明るくなっていく姿をみて、やりがいのある仕事だなと感じましたね。

お母さんたちの多くは働きたいと思うようになるのですが、リハビリテーションセンター内の施設には1年ないし2年しかいられないので、母子分離の施設を探さないとなりません。つまり、お子さんの自立を目指す施設が必要なのです。そういった意味でお母さんたちにとっては行き着くところが、このクオーレのような施設ではないかと思いました。

こちらで健常児と障がいをお持ちのお子さんをみることは手探りではありましたが、巡り会った先生方がとてもよく、切磋琢磨できて自分も笑顔でいられる場所だと思っています。

石川（亜）：クオーレとの出会いは、FMのラジオ番組で山村理事長が小規模保育施設（クオーレ）を立ち上げるという話をしていたのを聴いたのがきっかけでした。その前から成人の障がい者や学童の施設に携わっていましたが、もう少し小さい年齢のうちから関わることで、彼らの成長のプロセスを自分自身がもっとより深く理解できて、可能性を引き出すお手伝いができるのではないかと思いました。

石川（芽）：私が以前いた職場は、職員が少ない保育園でしたが、担任をもったときに十数名を自分1人でみるという状況でした。だから「もっとこうしたい」とか「できなかった」という思いが積み重なっていきましたね。ですので、こちらのように小規模保育で0〜2歳という大事な時期をたくさんの職員で見ることができるということに期待しました。身体障がいのお子さんとの関わりはこれまでなく、不安もありましたが、看護師さんや理学療法士の方からの助言をいただいたり、みんなで共に学びながら保育に携われて勉強になっています。

■クオーレが始まってから10カ月目を迎えようとしていますが、どんな変化がありましたか？

山本：4月の時点と比べて、障がい児も含めてですが、お子さんの表情や声がまったく変わって来ているのを感じます。やはり最初は親と離れて過ごすことが寂しくてみんな泣いていましたが、だんだんここに来ることにも慣れてきたという感じです。

■自身の向き合い方は変わりましたか？

山本：これまで重度の肢体不自由児に関わった経験がなかったので、障がいをお持ちのお子さんに対して最初はどのように関わってよいのかわかりませんでした。体調管理も必要ですので最初は対応に不安もありました。でも、体の「音」から体調を察することなどを理学療法士から教えてもらい、呼吸が苦しくないか、といったことも理解できるようになったので、緊張せずに対応できるようになりました。本人が喜んでくれているかはわかりませんが、障がいをお持ちのお子さんであっても、表情や声を聴いていると変化を感じますね。

柴田：ここは本当にたくさんの愛情をかけてあげられますので、余裕をもって保育ができていると感じます。保育というのは1日の流れですることがたくさんあるので、時間に追われがちです。でも、ここはじっくり時間が流れているような感じがします。

石川（亜）：私のほうが子どもたちに成長させてもらっている気がしています。関わった分だけ、子どもは態度や笑顔でかえってくるんだなと実感しますし、子どもは先週できなかったことが今週にはできている。すごいスピードで成長しているんだな、と実感します。

石川（芽）：私は障がい児と接するのは一からだったので、言葉かけのしかたや食事の与え方も手さぐりで、やりながらつかんでいくという感じでした。子どもは毎日体調や気分やモチベーションも違いますので、前回はできても今回はダメということもあります。その子に合わせていくことだなと感じました。

柴田：クオーレの子どもたちは4月から障がいを持っている子どもと一緒に過ごしています。そのせいか、その子の存在を自然と体でわかっていて、誰が教えたわけではないのに、さまざまなフォローをしてくれていますね。

■クオーレのような小規模保育の魅力はどんなところにありますか？

山本：子ども一人ひとりの気持ちを聴いてあげられるのが一番の魅力ではないかと思います。

柴田：一人ひとり、ゆっくり接してあげられるところがいいですね。このように母子分離で障がいのお子さんと一対一で接するようになると、表情も変わって来るし、私の声にも反応してくれるようになりました。お母さんがお迎えに来たときには表情と笑顔が変わるのですが、彼女を呼んだときに私たちの声に反応してくれたんです。それがうれしかったですね。意志の疎通が難しいお子さんであればあるほど、喜びを感じますね。

石川（亜）：小規模だと職員間の連携もとりやすいので、その時の状況に合わせて日課を変更したり、その場ですぐに相談ができて対応できるのはいいですね。トイレトレーニングもちょっとした促しをするなど、子どもたちに対しても臨機応変な対応がとれますね。そういった時間がとりやすいのもいいところだと思います。

石川（芽）：クラスの隔たりがないので、職員全員と子どもたち全員でなにか子どもができたことを共有できる、喜び合えるところもいいと思います。職員や保護者の方とも分かち合えて、家族的な感じがしますね。

■同じ敷地内にあるアネーロの利用者さんとの関係はどのような感じですか？

山本：同じ敷地内にあるので散歩などもしますし、自然と関わるようになってきていますね。アネーロの利用者さんは、小さい子たちや私たち職員とも関わり合いたいと思っておられるようですので、隣人という感じでお互いに少しずつ関わることが増えています。子どもたちのほうから「おはよう」などと自分たちから積極的に声をかけに行くことも増えましたね。夕涼み会のようなお祭りのときに会っても違和感もなく、自然な感じでその場を共有していました。

■クオーレ利用者の保護者との関係はいかがですか？

山本：保護者との会話も長くできることがいいですね。それに、スタッフ同士も子どものことを共通理解していますので、どの職員が対応しても保護者と喜びを共有しあえるのも、ここならではですね。

子どもの成長、あるいはその速度を気にかける保護者の方もいらっしゃいますが、著しく成長していますね。

■今後やりたいことを教えてください。

山本：障がい児と健常児とで遠足を実現させたいですね。青空のもとでできたらと思います。

柴田：私もやはり園外に行ってみたいですね。外へ出ることで子どもたちも発散しますし、開放感も得られます。

石川（亜）：子どもにはダメダメといわずに、さまざまな経験ができるようにしてあげたいです。ご家族がお仕事で忙しい分保育園でいろいろな経験をさせてあげたいですね。

石川（芽）：自然に触れることは大切だと思いますので、そういう体験をさせてあげたいですね。秋ならドングリ拾いだったり、冬なら雪に触れるなど、季節を感じられる園外活動もいいですね。それと、夢の学舎や幼稚園などとの交流の場はお互いにとってもいいと思います。

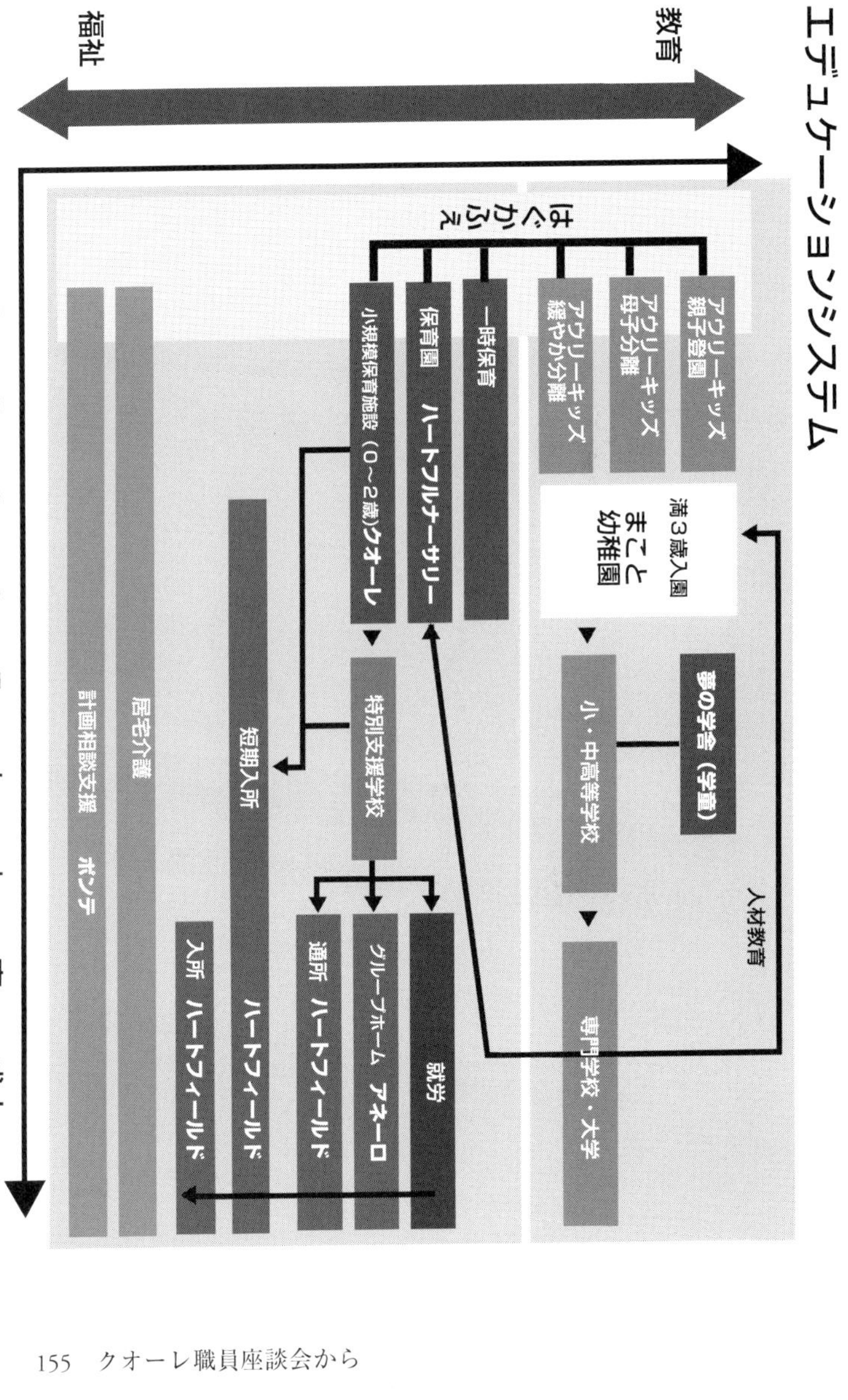

エデュケーションシステム
教育
福祉
はぐかふぇ
アウリーキッズ 親子登園
アウリーキッズ 母子分離
アウリーキッズ 緩やか分離
一時保育
保育園 ハートフルナーサリー
小規模保育施設（0～2歳）クオーレ
満3歳入園
まこと幼稚園
夢の学舎（学童）
小・中高等学校
専門学校・大学
人材教育
特別支援学校
短期入所 ハートフィールド
就労
グループホーム アネーロ
通所 ハートフィールド
入所 ハートフィールド
居宅介護
計画相談支援 ポンテ
0歳
1歳
2歳
3歳
4歳
5歳
小
中
高
成人

解説「教育と福祉の融合で地域を結ぶ〝インクルージョン〟」

■俯瞰して見える教育と福祉の共通点

平成27年に施行された「子ども子育て支援新制度」は、教育と福祉の担当行政区分の違いやその性質の違いから、幼稚園は教育、保育所は福祉との垣根があり、これを一元化していくことの難しさが議論されることがしばしばあります。ところが、教育と福祉という二つの軸を持つ経営者という立場でこれらを概念的に捉え、一歩引いて眺めた時に、教育と福祉は「人が人に対して〝サービス〟を提供する事業」という共通項に焦点を当てることができます。これらの融合を実現したのが社会福祉法人と学校法人を経営する理事長の山村達夫氏です。

日本の年間出生数が120万人前後で推移し、少子化問題が顕在化しはじめた1990年代中盤、山村氏は将来の幼児教育の在り方を漠然と思い描きながら教育と福祉の関連性を軸にそれぞれの実践を考えていたと言います。では、教育と福祉の関連性を軸にそれぞれの実践で実現したコトとはいったい何なのでしょうか。「人間の可能性をできる限り引き出し〝社会化〟すること」。これこそが、山村氏が想い描いた地域を結ぶ教育福祉の融合であり、〝インクルージョン〟だったのではないかと私は思うのです。

〝インクルージョン〟とは、障がいを持つ人や社会的少数派の一部の人が特別な枠組みにあるのではなく、すべて人間は特別なニーズ（個性）があり、そういった特別なニーズをもつすべての人間が互いを特別視するのではなく、違いを認めながら生きる包括的な社会を目指す思想のことです。

人間は他の動物に比べ成熟するまでに時間がかかります。日本の場合、20歳に達した時点で成熟した人間（＝成人）と捉えるのが一般的ですが、仮に親の保護下から独立し、自活している状態を〝成熟〟と定義した場合であっても、義務教育終了後が最短になりますから、15年は大人の保護下で生活することになります。幼稚園（3～5歳）や保育所（0～5歳）に通う子どもたちは、より未成熟な状態ですから、大人の手を借りて成熟へと向かっていきます。一方で、身体に障がいを持った人たちは年齢的には成熟していても、身体が不自由である分、自由に動かせる人に比べ他者のサポートを受けながら生活する場面が多くなります。

このように多様なニーズを持つ人々が集う施設では、どうしても〝できないこと〟や〝不足していること〟に目が向きがちになります。車いすで生活している相手であれば、足が不自由であることに目が向きますし、ヨチヨチ歩きの幼児が相手であれば、つい転びはしないか……

と心配になります。そこに目を向けること自体は、もちろん咎められることではありませんが、不足というマイナスに対して人はどうしても「足して補う」という発想になることは否めません。ところが、山村氏はちょっと違った発想をもっているのです。

■〝disable〟と〝less able〟

先に紹介した通り、インクルージョンの概念はマイノリティの立場にある人を特別視しないことにあります。それゆえ、〝障がい者〟という呼称や認識も特別感のないように配慮されています。たとえば、かつての〝特殊教育〟は今では〝特別支援教育〟と呼ばれるようになりました。英語圏においても、かつては〝障がい者〟を impairment（機能障がい）、disability（能力障がい）、handicap（社会的不利）、などと、程度や状態で分類していましたが、現在は people with special needs（特別な支援を要する人々）、と一元的な捉え方をするのが一般的になっています。

「能力が無効となり、できなくなる」という意味を持つ disable は、〝できないこと〟が前提となるので、どうしても不足しているところに目が向きがちです。一方で、「まだできるという状態ではないけれどもそこに向かっている」という意味を持ち、将来に向けた可能性を示唆するニュアンスを持つless ableは、可能性を引き出す前提に立ち、人がもつ特性という長所に焦点を当てることができるのです。
たとえば、子どもはまだ未成熟だけど、こんなアプローチをしてこれだけの経験を積めばできるようになる。とか、身体は不自由だけど声が美しく広い音域の声を出すことに長けているので、歌い手を担ってもらおう。といったように、〝不足〟に目を向けるのではなく、できることと、できるようになるためにやることなど、とにかく未来に向かっている可能性に目を向けるのがless ableの前提に立ったアプローチなのです。

■人はこの世で果たすべき役割をもって生まれてくる

人間とは果たすべき役割をもってこの世に生まれてくる。そして、その役割を果たすためには自分の特性と向き合い、その特性が誰かの役に立っていることを認識できたとき、本当の意味で働くこと（仕事）の楽しさに出会うことができる。そしてその仕事とは必ずしも報酬の発生するものとは限らないと、山村氏は言います。

〝社会化〟していくとは、意識的に自分の特性を活かし、希望をもって未来に向かっていくことを指します。意識的に特性を活かすとは、他を思い、誰かに喜ばれる自分をイメージして行動することです。つまり、自分の行いが他の誰かの喜びに変わったとき、それが自分の特性だと気づけるのです。この気づきを得るための活動こそが、人が成長するためのエッセンスなのではないでしょうか。

誰かに喜んでもらえることはうれしいこと。それは、子どもも大人も一緒ですし、国籍や宗教の違い、障がいの有無にかかわらず多くの人間にとって不変の喜びです。less able の前提に立つということは、幼稚園、保育園の子どもや施設の利用者が自分の特性を知るきっかけ、役割と出会う機会を最大化するという点においてとても有効的な教育的アプローチだと思うのです。

■戦略的思考と戦いを省略する事業戦略の実践

経営における戦略立案の重要性は広く知られています。戦略とはシンプルに「誰に」「何を」「どのように」販売し、どの程度の利益を出していくかということの〝計画〟を立てることです。商品構成、販売価格、売り方やアフターフォローなど、独自のサービスをつくりあげていくところこそが他との違いを浮き彫りにし、自社サービスが選ばれる基準を顧客に与えることになるのが一般的です。人がサービスに対価を支払う際に最も懸念する点は、価値／価格というシンプルな公式から導き出される結果です。等価交換以上かどうか、平たく言えば、損ではなく得になるどうかということです。支払う価格に対して1以上の価値にならない…、もしそんな風に感じれば、顧客は断じて動かないでしょう。この価格は妥当だ！　もしくは、お値打ちだ！と顧客に思われるような、サービスの開発に加え、根拠に基づいた値付け、消費者の購買意欲を掻き立てる販促活動の展開が必要です。この一連の流れが戦略作りです。

藹藹会やまこと幼稚園の経営はとても戦略的です。とは言え、営利法人ではないので、利益追求を目的とした、同業他法人との競争や差別化だけに目を向けた戦略を展開しているわけでは勿論ありません。それは、学校法人や社会福祉法人に属するそれぞれの事業施設利用者に徹底して寄り添った、極めて独自性の高い戦略なのです。

差別化や競争を追求する過程では、どうしても他との「違い」に目が行きますし、違いが明確であるほど競争優位性が高いような錯覚に陥りがちですが、これら事業施設を利用する人々が求めているのは本当に「違い」なのでしょうか？　もちろん、選択する時点で違いが分かることは大切な要素です。しかし、保護者や利用者が真に求めるモノは〝違い〟よりも、その施設に通うことでいかに人生が充実するか、と言うビジョンが達成されているという事実が伴うことのはずです。つまり、事業施設の利用者が快適に生活でき、喜びが実感できる空間であることの方が、他施設と違いがあることよりも重要だということです。

まこと幼稚園ではたとえば、〝Makoto Broadcast〟という本物さながらの放送局を園内に設置し、子どもたちがキャスターとなり自分の言葉で園内のニュースを伝える活動があったり、〝砂場で遊ぶようにバイオリンに触れてほしい〟という考えから、バイオリンを日常の活動に取り入れるなど、ユニークな活動展開をして子どもたちの成長を刺激しています。藹藹会（ハートフィールド）では、施設利用者に対して、出張型理髪店、生活雑貨を取りそろえた売店、ナイトバーなど、健常者にとっての日常を施設に入所する利用者ができるだけ刺激的で充実した生活を送れるように工夫されています。

このような事業施設利用者に対する寄り添いこそが、山村氏が運営する事業の独自性を高め、他との競争や差別化を不要なものとしているのです。つまり、この点において山村氏の経営は、他事業所との利用者獲得のための戦いではなく、むしろ戦いを省略する独自性の高い〝戦略〟ということができるのです。

■福祉と教育の軸でできる地域教育福祉の実現

山村氏が社会福祉法人と学校法人と二つの軸の中で展開する事業は次の通りです。ハートフィールド（障がい者支援施設）、アネーロ（共同生活援助事業）が成人向けの障がい者施設。ハートフルナーサリー（認可保育所0～5歳）、クオーレ（小規模保育事業B型）は障がいの有無にかかわらず受入れ可能な乳幼児向けの保育施設です。ここまでが社会福祉法人の軸で展開する事業です。そして、まこと幼稚園（3～5歳の幼児教育）、幼稚園の付属施設として2歳児向けのアウリーキッズと0～1歳の親子向けの地域開放事業として、はぐかふぇを学校法人で運営しています。また、同法人では子育てにかかわる大人向けの講演会などの勉強会も実施しています。学校法人も基本的には障がいの有無を問わず子どもの可能性を引き出す教育活動が展開されています。

どれも地域のニーズに応えることで実現した事業で、付属事業を含め2法人で11もの事業を展開しています。福祉と教育の領域を越え、また障がいの有無にかかわらず、個々の事業体が相互に関わり合い、刺激し合うことで、利用する人にプラスの影響を与えているのがこの法人の特徴であり、教育と福祉の融合を実現する最大の要因だということが、現場を見ると分かります。

〝エデュケアライズ〟という新たなコンセプト

不易流行という言葉がありますが、経営においてこれは最も重要なテーマだと言われます。経営指導の神様と呼ばれた船井幸雄氏はこれを〝原理原則〟と〝時流適応〟という言葉に置き換え、経営における「変わらない本質的な価値」と、「変化することで高める付加価値」が重要であると説いています。利用する相手が変わる学校法人や社会福祉法人の経営においても不易流行、つまり、本質的な価値と付加価値が重要であることは言うまでもありません。

5年後、10年後の未来を直接見ることはできませんが、時代の流れに目を向ければ誰もが将来の見通しを立てることは可能です。「少子化」、「人口減少」、「ＩＴの台頭」などの予兆に対し、幼児教育と福祉の融合を目指した山村氏の法人経営は、平成8年より具体的に動き始めた、設置基準や職員の資格、所管庁が異なる幼稚園と保育園を一元化しようとする動きを見据えたものであり、自法人を利用する人にとっての環境の最適化を図るために必要不可欠だと考えから成り立っているのだと思います。

人工知能やロボット化の発展は人類の労働価値を低下させるほどまで進化してきました。一方で、社会における人々の価値観は実に多様化しています。このような社会環境で、教育はこれまでの受動的な〝パッシブラーニング〟から能動的継続性のある〝アクティブラーニング〟へと質的転換が図られています。つまり、これまで経験したこともないような新しい時代の到来を目前に、時代が変わっても必要とされる基本価値と次の時代で活躍できる付加価値を生み出せる人間の育成が必要な時代になったということです。

〝エデュケアライズ〟という新たなコンセプトは、教育（education）と福祉（care）が融合することで、新たな気づき（realize）をもたらすことを意味します。つまり、まこと幼稚園と藹会の融合が目指すもの、それは、人間に創造できる新たな価値の拡張にあるのです。20年前に漠然と想い描いた教育と福祉の関連性とは、地域を結ぶ教育と福祉の融合という形で、人間の可能性をできる限り引き出すための仕組みを作り上げることで実現する、地域社会の〝インクルージョン〟が実現する未来だったのではないでしょうか。

（株式会社Gクリップコーポレーション代表取締役　設楽竜也）

エピローグ

アナウンサーとして共感した『伝えること・寄り添うこと』

山村先生と番組でご一緒して4年になります。1、2年目は「幸せのループはここから」という先生の書籍をもとに「想像力を育む」大切さを実感。夢を語る子どもたちの声もラジオから流れました。3年目は「はぐカフェ」と題して、子育て環境について先生とトークを展開しました。今年は、保育からさらに視野を広げ「地域福祉」をテーマに藹藹会の取り組みを取材。自分とは少し離れた場所のように感じていた福祉・介護の世界がぐっと近づきました。

印象的だったのが、山村先生もスタッフのみなさんも「自然体」であることです。次々と革新的な取り組みをされるので、さぞかし使命感が強いのでは…と思いきや、「必要に迫られて」「できることはやってみよう」「なにごとも楽しもう」という、自然にわき起こる想いにつき動かされているように感じます。そんな山村先生の姿勢と、周囲の理解・協力は施設に反映されています。たとえば、ハートフィールドにある「スヌーズレンルーム」は、知的障がいがある方などの五感を刺激し、治療や教育に生かそうとするものですが、これからの介護は、食事・排泄・運動といった、生活補助という機能だけでなく、利用者の生活の質を高める視点が必要とする、山村先生の想いを形にしたものでした。

藹藹会では、どの職種の方も目の前の相手と真っすぐに向き合っています。もちろん、障がいや年齢によって出来ることは限られますが、彼らの些細な変化や小さな前進にも喜び合い、それは職員の方にとってやりがいにつながっています。たとえば、ある介護職員の方は「最初はコミュニケーションに苦労した」とおっしゃっていましたが、利用者さんに寄り添いながら言葉をかけ続け、やがて課題を克服したそうです。どんな仕事でも最初はうまくいかないことがありますが、こうして介護という天職を得た男性スタッフの笑顔は、とても温かく、「伝える」ことは相手に寄り添うことであると、私もアナウンサーとして改めて実感しました。

この番組を聞いたリスナーの方は、少なからず福祉に対してのイメージが変わったのではないでしょうか。まさに私自身がそうでした。多くの人がいつか介護をする・される側になります。障がいがあっても、歳を重ねても、自分らしく生きていける社会。そんな「Happy ゆうとぴあ」を目指す取り組みを、今後も私なりに伝えていきたいと思います。

（アナウンサー 高村麻代）

多様性が支える福祉の未来

近年、障がいを持つ人のことが、メディアで取り上げられる機会が増えてきました。しかし、あらためて思い返してみると、おそらくその多くは「障がいを持つ人」というようにひとまとめに語られているように感じます。

山村先生が番組でもお話をされていましたが、障がいといっても多様です。肢体不自由の人もいれば、視覚障害、精神障害を抱える人もいますし、障がいの重度も人によって違います。ですが、そんな彼らを私たちは頻繁に見ることはおろか、接することもほとんどありません。それが、最近障がいを持つ人がメディアで紹介されるときのわかりにくさや、「どう接すればいいのだろう」というような身構えにつながるのかもしれません。つまり、多様な障がいがあることを前提としたうえで、彼らの生活なり人生もまた、ひとりひとり異なるものである、ということを私たちはまず認識すべきなのでしょう。

障がいを持つ人はいつの時代でも一定数いるはずで、それはかつて地域のコミュニティの中でゆるやかにつながっていたように思います。それは介護や育児でも同様でしょう。皮肉にも、近年は出産も死の看取りも介護も病院や施設に依存する状況となったことで、地域とのつながりは薄れていき、逆に家族が介護を担うという構図だけが介護離職などといった社会問題として残される結果となりました。

しかしながら、現在の社会状況で出産や介護を病院や施設にまったく頼らないのは困難なことです。とりわけ、社会状況として母親も労働に従事することは避けて通れませんし、山村先生のお話にもあったように「お母さんの人生」を考えたとき、ひとりの人間の人生を社会がいかにして支えていくかという課題として考えるべきであると切に感じます。そうした中で、社会福祉法人で培った障がい者福祉と幼児教育のスキルや人材を縦横に生かして、新しい制度に真摯に取組む藹藹会、とりわけクオーレは頼もしく映りました。家族、地域、福祉施設、行政それぞれが福祉の受け皿となることで、多様な選択肢が提供できること。それが今後の理想ではないかと思います。

健常の人も障がいを持つ人も等しく愛され、社会に必要とされる幸せを感じる、そんな「Happy ゆうとぴあを」目指す藹藹会の皆さんの挑戦をこれからも応援しています。

（ＣＲＴ栃木放送　報道制作局　飯田絵里）

収録スタジオにて。左より高村麻代アナウンサー、飯田絵里ディレクター、山村達夫先生

あとがきにかえて

今年のラジオ番組を放送するにあたり、「番組では『クオーレ』を中心に取り上げ、放送終了後には内容を書籍化することを考えている」とのお話が山村理事長からありました。これまで栃木放送では、ガイドブック的なものや体験談をまとめた「本」は何冊か手掛けてきましたが、社会的な問題に正面から取り組むような本の出版はしたことがありませんでした。

なぜなら、ラジオは今あったことを即時に報じたり、近日中に行われるイベントなどの告知には、とりわけその媒体特性を発揮しますが、じっくりと考えさせる題材を、ましてや、わずか10分間の対談を中心とした番組を「本」にすること自体が、ある意味で画期的な「挑戦」だと言わざるを得なかったからです。

しかしながら、できあがったこの『24の瞳が輝く場』は、どうでしょう！　ラジオで一つの話題を放送したとき、リスナーの頭の中では自分の境遇や立場に置き換え、人それぞれ違う絵を思い浮かべています。そうした中で、「クオーレ」の話題を絡めながらラジオで今の福祉や教育の現状を取り上げることは、リスナーにその導入として考えさせるには、十分だったように思います。

その上で、放送にはおさまりきらなかった福祉・教育の現場に携わる方々や保護者などの「生の声」や、その道に精通する専門家による書下ろしを掲載させていただいたことにより、ラジオを起点に繋りと広がりへと展開していきました。

結果的に放送だけではできない、現場の見解だけでは本にならない、「ラジオ」と「本」の「融合」がなしえたものと強く感じています。これは、まさしく、これまで山村理事長が番組内でも、本の中でもキーワードのように伝えてきた「挑戦」と「融合」が結集された形なのです。

今回この本を出版するにあたり監修の山村理事長をはじめ取材にご尽力いただいた飯田絵里さん、高村麻代アナウンサー、さまざまな立場から意見を寄せていただいた関係する大勢のみなさまに厚く感謝申しあげます。

いつの時代でもよりよい福祉・教育の制度やあり方は、永遠のテーマです。この本が、今後の福祉・教育を取り巻くさまざまな問題に一石を投じるものになること、そして、道しるべのひとつになることを心から祈念してあとがきにかえさせていただきます。


（ＣＲＴ栃木放送営業局　星田幹生）

執筆者紹介

まえがき　山村　達夫（社会福祉法人藹藹会／学校法人金子学園理事長・宇都宮大学客員教授・福島学院大学非常勤講師）

プロローグ　坂巻　佐織（社会福祉法人藹藹会事務局主幹）

Part 1　大嶽　広展（株式会社船井総合研究所／チーフ経営コンサルタント）
Part 2　山村　達夫（前掲）
Part 3　木村　真由美（小規模保育事業Ｂ型クオーレ保護者）
Part 4　荻原　由江（社会福祉法人藹藹会児童福祉施設ハートフルナーサリー保育主任）
Part 5　山村　悟（アフタースクール夢の学舎講師）
Part 6　白山　葵（学校法人金子学園まこと幼稚園学年主任）
樋口　文男（社会福祉法人藹藹会相談支援センター長）
Part 7　山村　達夫（前掲）

解説　設楽　竜也（株式会社Ｇクリップコーポレーション代表取締役／経営コンサルタント）

エピローグ　高村　麻代（アナウンサー）
飯田　絵里（CRT 栃木放送 報道制作局）

あとがきにかえて　星田　幹生（CRT 栃木放送 営業局次長）

24の瞳が輝く場　子ども子育て支援新制度とともに

2017年1月19日　第1刷発行

山村 達夫［監修］

社会福祉法人 藹藹会［編］

発　行 ● CRT 栃木放送

〒320-8601　宇都宮市昭和2-2-5
TEL　028-622-1111（代）

発　売 ● 有限会社 随 想 舎

〒320-0033　栃木県宇都宮市本町10-3 TSビル
TEL　028-616-6605　FAX　028-616-6607
振替　00360－0－36984
URL　http://www.zuisousha.co.jp/
e-mail　info@zuisousha.co.jp

印　刷 ● モリモト印刷株式会社

装丁 ● 栄舞工房

定価はカバーに表示してあります／乱丁・落丁はお取りかえいたします
 ISBN978-4-88748-337-8